五四圖史

百年前的學運先驅

陳占彪 —— 編著

五四開啟的是民主新紀元，還是又一次極權？

目錄

例言

壹　戰起歐西島寇歡

10　膠澳租借
12　勒石紀念
14　大戰爆發
15　日英協約
17　日本參戰
19　龍口登陸
21　懸旗請降
23　日據青島
25　嗚呼魯民
27　二十一條
29　哀得美敦
31　對德宣戰
33　華工赴歐
35　和平條件
37　德國降伏

貳　巴黎夢破土難全

40　公理戰勝
41　願望過奢
43　代表傾軋
45　哲人廳會
47　巴黎和會
48　日人甘言
50　索要報酬
52　顧使發言
54　用心深險
56　沆瀣一氣
58　歸還空瓶
60　外交失敗
62　曷勝憤慨
64　信仰毀滅
66　圍堵陸使
68　憤然拒簽
70　得簽奧約
72　歡迎歸返

3

目錄

參 奸人媚日千夫指

- 76 親日外交
- 77 國人懷恨
- 79 謂我簽字
- 81 何緣見罪
- 82 點金有術
- 83 助段武統
- 85 阿瞞請客
- 87 洗刷前愆
- 89 勛勤夙著
- 91 為秦庭哭
- 93 林礦借款
- 95 削除鄉籍
- 97 恪遵訓令
- 99 欣然同意
- 101 擬除學籍

肆 闔府呼朋大火燃

- 104 五四前奏
- 106 三一運動
- 107 送賊回國
- 109 外交警報
- 111 嚙指血書
- 113 祕密會議
- 115 法政集會
- 117 天安門前
- 119 淚挽國賊
- 121 遞呈說貼
- 123 往趙家樓
- 124 砸窗逾牆
- 126 放火焚屋
- 127 打破賊頭
- 129 學生被拘
- 131 法無可恕
- 133 請君自首
- 135 各界呈保
- 137 全體罷課
- 139 國恥紀念
- 141 國民大會
- 142 良心救國
- 144 大鬧東京
- 146 學生獲釋

伍 峻令頻頒寒徹地

- 150 微服出京
- 152 待罪挽蔡
- 154 總長掛冠

4

156　嚴辭申令
158　追悼烈士
160　憤然罷課
162　上書總統
164　改任懷慶
166　次長疏通
168　強令復課
170　一味庇曹
172　勒令復課

陸　通國共憤浪滔天

176　一味庇曹
178　六三拘捕
180　誓不反顧
182　女生請願
184　支帳駐守
186　請撤軍警
188　閣議禁捕
189　軍警頓撤
190　上海罷市
192　舉國騷然
194　派員道歉
196　學生返校

柒　除賊抗霸從民意

200　免曹陸章
202　東海請辭
204　獨秀被捕
206　次第開市
208　總理引退
210　簽還不簽
212　全國學聯
214　魯人請願
216　緊急宣言
218　各界請願
220　玉帥通電
222　詭異電諭
224　終戰布告
226　汝霖謝恩
228　終止罷課
230　專研學術
232　宗祥歐遊

捌　五四功成萬古傳

234　民族覺醒
236　侵略國策
238　為何仇你

目錄

240　奮起自圖
242　我死國生
244　與汝偕亡
246　扼其頸項
248　抵制日貨
249　焚毀仇貨
251　鼓吹國貨
252　販賣國貨
254　堅忍勿懈
256　青島交還
258　五四幹部
260　精神長存

附錄　匡互生：五四運動紀實

263　一、緒論
264　二、五四運動的起因
267　三、五四運動的真相
283　四、結論

例言

一、1919年的五四運動開中國新生面，民族新紀元，今轉眼已屆百年，本書之編纂聊備五四百年紀念之微意耳。

二、本書是對100年前的五四運動的來龍去脈的「圖像呈現」。每則包括一個簡題、一組圖片（或一圖，或多圖）、一段文字。

三、由於1920年代，照相並不發達普遍，因此，關於五四運動的圖像材料並不豐富，「物以稀為貴」。本書圖像（照片、漫畫、插圖）係編者多年來從當時的中外報紙、雜誌、書籍中窮搜極討而得，有的圖片則是編者事後尋跡、現場踏訪而得，如「一戰」和巴黎和會諸圖。

四、有圖而無文，其涵義將大打折扣。於是每圖又配以相關之文字，以輔助說明。唯文字的選擇，多以公文、宣言、通電、傳單、報導、著述等相對權威又距離五四為時不遠的官方文獻、原始文獻為優先。

五、本書將五四運動整個過程分作八段，依次述其背景（戰起歐西島寇歡）、觸因（巴黎夢破土難全）、對象（奸人媚日千夫指）、爆發（闊府呼朋大火燃）、發展（峻令頻頒寒徹地）、激

例言

化(通國共憤浪滔天)、落幕(除賊抗霸從民意)和精神(五四功成萬古傳),八個題目合起來為一首「打油詩」也。

陳占彪

壹

歡寇島西歐起戰

壹　戰起歐西島寇歡

膠澳租借

為在遠東獲得良港，德皇威廉二世藉口曹州教案，遣其弟亨利親王率艦隊至中國海面，無惜鐵拳，脅迫清政府於1898年3月6日租借膠澳。圖為德皇威廉二世像。圖片選自 Current History Vol1，NO3，March，1915

膠澳租借

　　初，德國亞東艦隊欲於遠東得適宜之地，為海軍根據及商港，曾巡邏於中國沿海一帶，竭力搜求。德政府調查員，嘗以膠澳地方最為相宜之說進。適一八九七年十一月，有德國教士二人，在山東內地之曹州被害，論厥情形，本為地方官防範所不及。而德政府方欲以武力遂其素志，久思有所藉詞，至是，即挾為口實，遣軍艦四艘至膠澳，派兵登岸，聲言占領。中國政府見德兵入境，事勢危急，迫不得已，乃與德國訂立一八九八年三月六日之約。

《中華民國全權代表在巴黎和會關於山東問題的說帖》
1919 年 4 月

壹　戰起歐西島寇歡

勒石紀念

德國占領青島後，在信號山崖勒上飛鷹國徽，下敘占領年月及將領姓名，及日軍占領青島後，復勒「大正三年十一月七日」數字於其上。圖片選自班鵬志：《接收青島紀念寫真》，商務印書館1924年版

租借條約分三章：第一章專說軍事上的布置。主要的目的：

（一）德國軍隊可在青島周圍一百里路以內自由行動。

（二）割讓膠州灣兩岸，聽德國自由建築堡塞、儲藏軍需、修造軍艦。

第二章專說鐵路礦山兩件事。鐵路劃定兩道路線：

（一）從膠州起，打濰縣青州博山淄川鄒平經過，直穿濟南，並可以達到山東省的邊界。

（二）從膠州起，向左邊朝沂州府走，穿過萊蕪縣，直到濟南府。

凡鐵路兩旁沿途三十里以內的礦山，如第一路線附近的濰縣博山各處，第二路線附近的膠州府萊蕪縣等處的礦產，都聽德國人自由開採。第三章專說借款的優先權。凡在山東省內創辦有利的事業，要借外資的時候，必先同德國的商人商議。

涵廬：《青島交涉失敗史》，《每週評論》1919 年 5 月 11 日

壹　戰起歐西島寇歡

大戰爆發

1914年7月28日,「一戰」爆發。圖為德國年長男人響應號召、奔赴前線的場景。圖片選自 Current History Vol1,NO5,February,1915

　　1914年6月28日,奧匈帝國皇儲斐迪南大公在塞拉耶佛視察時,被塞爾維亞青年加夫里若·普林西普槍殺。一個月後,奧匈帝國在德國的支持下,以塞拉耶佛事件為藉口,向塞爾維亞宣戰。接著德、俄、法、英等國相繼投入戰爭。交戰的一方為同盟國的德意志帝國和奧匈帝國,以及支持他們的奧斯曼帝國、保加利亞。另一方為協約國的英國、法國和俄羅斯帝國以及支持它們的塞爾維亞、比利時、義大利、美國等國。

日英協約

「如虱附體」。圖片選自 Current History Vol1，NO3，March，1915

壹　戰起歐西島寇歡

　　日政府深望歐局早告和平，即不幸而戰事繼續，亦望戰局不致擴張，且日政府深期得確守嚴正中立之態度。萬一時局轉變，英國投入戰渦，以日英協約目的或瀕危境，日本以協約義務，必至執必要之措置。日政府固深望此時期不致發生，但對諸般形勢必加重注意云。

　　　　　　　　　《日本外務省關於歐戰之最初宣言》1914 年 8 月 2 日

日本參戰

「帝國政府欲以英國求援於日本,而日本同意英國之請求這一方式實現參戰」。圖為日軍青島遠征軍司令官(Kamio)像。圖片選自 Current History Vol1,NO5,February,1915

壹　戰起歐西島寇歡

　　歐戰初起，中國即於一九一四年八月六日，以大總統命令宣告中立。兩星期後，日使通知中國政府稱：日本曾於八月十五日以最後通牒遞交德國，勸將該國軍艦及一切武裝船隻，立即退出中日兩國之領海，並於九月十五日以前，將膠澳租借地全境移交日本，以備日後交還中國。且要求於一九一四年八月二十三日日正午以前，對於此項勸告，為無條件之承認。按該最後通牒所稱，此舉之用意，乃在除去遠東和局擾亂之根，且為保衛英日同盟之公共利益計。中國政府雖未見商於前，然對於所擬關於膠澳租借地之辦法，亦曾表示願為同袍之意。旋以未見嘉納，始不堅持。嗣日本以最後通牒未見答覆，乃於一九一四年八月二十三日向德國宣戰。

《中華民國全權代表在巴黎和會關於山東問題的說帖》
1919 年 4 月

龍口登陸

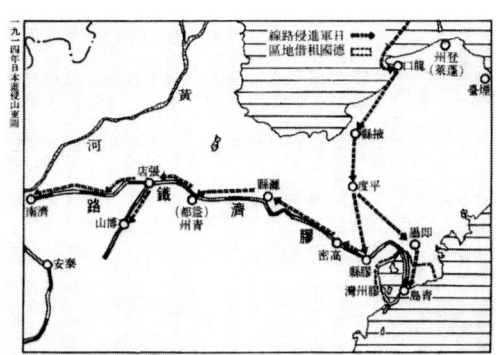 

日軍「捨近求遠」，登陸龍口，進犯山東。左圖為日軍在山東進軍路線圖。圖片選自吳相湘：《第二次中日戰爭史》上，臺北：臺北綜合月刊社 1973 年版；右圖為日軍侵入萊陽縣城之情形。圖片選自張筱強，劉德喜，李繼鋒等：《圖片中國百年史》上，山東畫報出版社 1994 年版

壹　戰起歐西島寇歡

　　日軍首隊兩萬餘人，本系派往攻擊青島，不意竟擇龍口為登陸之處。龍口處山東北部海濱，南距青島一百五十英里，日軍於九月三日登陸，橫穿山東半島，以達膠州。沿途占據城鎮，收管中國郵電機關，徵取人工物料，困苦居民，皆視為必要之舉。其先鋒隊於九月十四日始抵該處，而會攻青島之英軍，則於九月二十三日在德國租借地以內之勞山灣登陸。勞山灣距青島較近，沿途所遇之障礙，自亦較日軍前進時為少，故與德軍交綏之第一役，猶及與焉。

《中華民國全權代表在巴黎和會關於山東問題的說帖》
1919 年 4 月

懸旗請降

當時青島要塞德國防兵只有五千二百五十人,兵力少劣,倉促應戰,至 1914 年 11 月 7 日,德軍不支,懸旗請降。日本以微小損失,獲得勝利。圖為青島俾斯麥要塞被日英聯軍摧毀的德軍槍械。
圖片選自 Current History Vol1,NO5,February,1915

壹　戰起歐西島寇歡

敵方的損失，作為戰利品被繳獲的主要武器，計大砲約百五十門，又作為俘虜，被運至日本內地後方的，計有自總督華爾達克起，將校及相當職位的官員兩百〇一人，士卒四千三百六十六人，文官及其他人員一百二十二人，合計四千六百八十九人。另有非戰鬥人員約一千三百名。

〔日〕東亞同文會編：《對華回憶錄》，胡錫年譯，商務印書館1959年版

其後在陸地戰爭中，日本死軍官十二、士卒三百二十四，傷軍官四十，兵士一千一百四十。海上戰爭，則一小巡洋艦觸小雷而沉，船員溺死二百八十人。此外，海軍中死傷四十人。舉此事實，非對日本在此屆大戰中所自詡為最大之勝利者欲故意減輕其戰功也，乃為指明攻破要塞行動之實在情形也。

《廢除一九一五年中日協定說帖》1919年

日據青島

日據青島

日本旗高懸青島「總督府」。圖片選自張一志編：《山東問題匯刊》上，文海出版社 1986 年版

壹　戰起歐西島寇歡

　　日軍於 11 月 16 日舉行入城式後，立即施行軍政，恢復戰後秩序，整頓政治。自神尾光臣為首任，以後大谷喜久藏、本鄉房太郎、大島健一、由比光衛等各將軍，曾歷任青島派遣軍司令。至大正 6 年（1917 年）10 月，改行民政，以秋山雅之介為民政長官。直至大正 11 年（1922 年）12 月 10 日，以青島行政權及其他等等完全交還給中國政府為止，前後滿八年，始終保持著光輝的統治歷史。

　　〔日〕東亞同文會編：《對華回憶錄》，胡錫年譯，商務印書館 1959 年版

嗚呼魯民

但杜宇：《嗚呼魯民，嗚呼聖地》,《國恥畫譜》,民權報社出版部 1919 年

壹　戰起歐西島寇膠

　　日本政府復以一九一七年之第一百七十五號上諭，設民政署於青島，復設分署於坊子、張店、濟南。此三處者，皆沿膠濟鐵路而在百里環界之外者也。三處中以坊子距青島為最近，然亦九十英里之譜。坊子民政分署竟有擅理華人詞訟、徵收華人賦稅之舉。而膠濟鐵路與各礦則置諸民政署鐵路股管理之下。

《中華民國全權代表在巴黎和會關於山東問題的說帖》
1919 年 4 月

二十一條

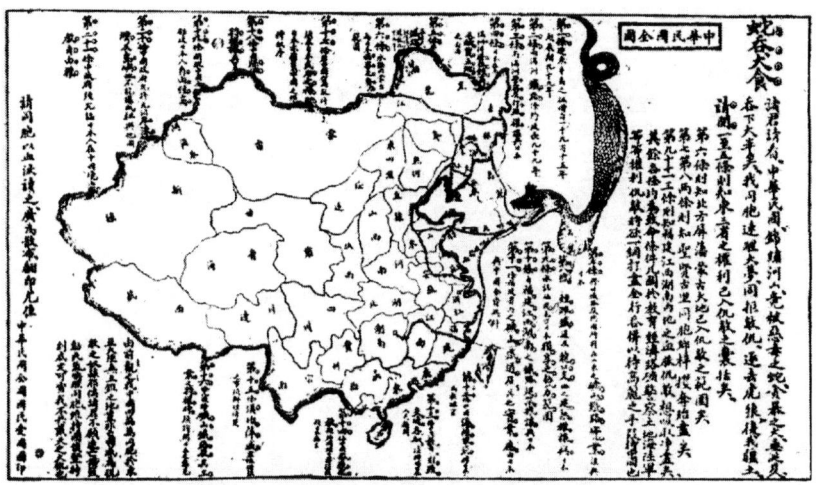

The above Cartoon Represents Japan in the Form of a Serpent in the Act of Swallowing China. The Swelling in the Belly of the Serpent Represents Formosa, while the one in the Throat Represents Korea.

日本趁列強忙於歐戰，無暇東顧，遂於 1915 年初向袁世凱政府提出奴役中國的「二十一條」。圖為漫畫《蛇吞犬食》。圖片選自 Millard's Review，August 2，1919

壹　戰起歐西島寇歡

　　日本駐北京公使於一九一五年一月十八日向中國大總統提出二十一款之要求，頗令中國寒心。此項要求現已人盡皆知。計分五號，其第一號即涉於山東省問題磋商之事。延至五月，日本政府遂於是月七日以最後通牒送達中國政府，限四十八小時以內為滿意之答覆。同時，有滿洲、山東日軍增多之消息傳至北京。中國政府實逼處此，捨屈從日本外，他無可擇。不得已於一九一五年五月二十五日與日本簽訂關於山東省之條約，附以三項換文暨其他各約。雖非所願，只以欲維持遠東之和局，使中國人民免受無端之痛苦。

《中華民國全權代表在巴黎和會關於山東問題的說帖》
1919 年 4 月

哀得美敦

1915年5月7日,日本對我遞致所謂的「哀的美敦」書,9日,中國屈服,25日,中日代表簽字。圖中中國代表為陸徵祥、曹汝霖、施履本,日本代表為日置益、小幡、高尾。圖片選自張筱強,劉德喜,李繼鋒等:《圖片中國百年史》上,山東畫報出版社1994年版

壹　戰起歐西島寇歡

　　查膠州灣為東亞商業上、軍事上之一要地，日本帝國因取得該地所費之血與財，自屬不少。既為日本取得之後，毫無交還中國之義務，然為將來兩國國交親善起見，竟擬以之交還中國，而中國政府不加考察，且不諒帝國政府之苦心，實屬遺憾。……其他關係於膠州灣地方，又提出數項要求，且聲明將來有權加入日、德講和會議。明知如膠州灣無條件之交還及日本擔負因日、德戰爭所生不可避之損害賠償均為日本所不能容認之要求，而故為要求，且明言該案為中國政府最後之決答，因日本不能容認此等之要求。
　　　　《日本政府給袁世凱政府的最後通牒》1915 年 5 月 7 日

對德宣戰

中國「以德國施行潛水艇計畫,違背國際公法,危害中立國人民生命財產」為由,於 1917 年 8 月 14 日,對德宣戰。圖片選自 Current History Vol2,NO3,June,1915

壹　戰起歐西島寇歡

爰自中華民國六年八月十四日上午十時起，對德國、奧國宣告立於戰爭地位，所有以前我國與德、奧兩國訂立之條約、合約、協約及其他國際條款、國際協議屬於中德、中奧間之關係者，悉依據國際公法及慣例，一律廢止。我中華民國政府仍遵守海牙和平會條約及其他國際協約關於戰時文明行動之條款，罔敢踰越。宣戰主旨，在乎阻遏戰禍，促進和局，凡我國民，宜喻此意。

《大總統關於中國對德奧立於戰爭地位布告》1917 年 8 月 14 日

華工赴歐

「一戰」中，十三萬多華工赴歐「以工代兵」。上圖為法國諾埃的「華工墓園」。圖片選自陳三井：《華工與歐戰》，臺北：中研院近代史研究所1986年版；下圖為1998年2月11日在巴黎的博迪古公園（Jardin Baudricourt）豎立的「紀念在第一次世界大戰中為法國捐軀的中國勞工和戰士」紀念碑。2014年12月16日，陳占彪攝

壹　戰起歐西島寇歡

在戰爭時期內,華工之應募工作於法國北部戰線後方者,其數達十三萬六百七十八人,華工之以敵人之軍事行動而慘遭死傷者,數至不鮮。當英軍在美索波達米亞及德屬東非行動時,華工之應募調用者亦夥。又,英國多數軍艦之船員,亦多以中國水手組成之。

《廢除一九一五年中日協定說帖》1919 年

和平條件

托馬斯‧伍德羅‧威爾遜（Thomas Woodrow Wilson，1856年12月28日—1924年2月3日），美國第28任總統。1918年1月8日，威爾遜提出《和平條件》十四條以尋求公平終戰。1919年，威爾遜被授予諾貝爾和平獎

壹　戰起歐西島寇歡

　　和平條約，以公開方法決定之。此後無論何事，不得私結國際盟約。凡外交事件，均須開誠布公執行之，不得祕密行事。

　　確定約章，組織國際聯合會，其宗旨為各國相互保障其政治自由及土地統轄權，國無大小，一律享同等之利權。

威爾遜總統《和平條件》十四條，
劉彥：《帝國主義壓迫中國史》下冊，上海太平洋書店 1928 年版

德國降伏

德國降伏

1818年11月1日,德國投降,「一戰」結束。協約國以嚴苛的條約約束德國以求和平,為日後的「二戰」埋下了復仇的種子。圖片選自 Current History Vol10,NO2,August,1919

壹　戰起歐西島寇歡

　　第一次世界大戰有 33 個國家、15 億人口捲入戰爭。戰爭期間，協約國總計動員軍隊 4218 萬餘人，損失 2210 萬餘人，其中死亡 515 萬餘人；同盟國總計動員軍隊 2285 萬人，損失 1540 萬餘人，其中死亡 338 萬餘人。交戰雙方直接戰費約為 1863 億餘美元。而約束和懲罰德國的《凡爾賽和約》「不是一個和平條約，而是另一場戰爭的宣言」。

貳

巴黎夢破土難全

貳 巴黎夢破土難全

公理戰勝

1918 年 11 月 28，29，30，放假三天以慶祝大戰勝利。圖為慶祝協約國勝利之商家廣告。左圖選自《益世報》1918 年 12 月 28 日，12 版；右圖選自《益世報》1918 年 12 月 3 日，4 版

歐戰結束。北京各學校放了三天假，慶祝協約國的勝利。一般學生頗受「公理戰勝強權」的口號的影響，以為戰後的世界將是公理的世界。

陶希聖：《潮流與點滴》，臺北：傳記文學出版社 1979 年版

願望過奢

國人對巴黎和會始抱大期望，終落大失望。左圖選自《益世報》1918年12月16日，10版；右圖選自《益世報》1919年2月19日，10版

貳　巴黎夢破土難全

　　中國代表團送來說帖兩件：其一為中國要求平和會議廢止一九一五年五月二十五日中日條約換文事，其一臚列各項重要問題，如撤退外國軍警、裁撤外國郵局、撤銷領事裁判權等等，請平和會議提出糾正事。以上兩條業已收到，本議長茲代表聯盟共事領袖各國最上會議聲明。[再] 聯盟共事領袖各國最上會議，充量承認此項問題之重要，但不能認為在平和會議權限以內。擬請俟萬國聯合會行政部能行使職權時，請其注意。囑本議長答覆如右。

　　　　　　《平和會議議長復中國全權委員長函》1919 年 5 月 14 日

代表傾軋

德國投降後，隨即召開巴黎和會，作為「戰勝國」之一，中國派出五位代表參會。左圖為五代表像，上左王正廷，上右顧維鈞，中陸徵祥，下左魏宸組，下右施肇基。圖片選自《傳記文學》1979年第34卷第5期；右圖為王正廷散布的顧維鈞和曹汝霖女兒訂婚的流言。圖片選自《益世報》1919年4月28日，2版

貳　巴黎夢破土難全

中國雖派出五位代表，卻因「對協約國方面實際幫助甚少」，僅獲兩個正式席位，如要參與會議，只能是不固定地派出兩人輪流出席。總統訓令五代表排名為：陸徵祥、顧維鈞、王正廷、施肇基、魏宸組。此一排名引發「南北矛盾」和「個人矛盾」，使得代表團內部摩擦不斷，不能和衷共濟。除陸徵祥團長排名第一，魏宸組前輩不介意名列最末外，陸徵祥本許諾南方代表王正廷擔任第二代表，但北京政府考慮到「陸本人因健康關係不能經常參加會議，自然不便讓南方的代表王正廷博士來代表中國政府」，引發南北矛盾。顧維鈞雖有能力，又曾辦過中日交涉，「業務熟悉」，但論資歷卻不及施肇基，讓一個外交「老前輩」屈居於「小年輕」之下，難免要「鬧情緒」，引發個人矛盾。

哲人廳會

中國代表團抵達到巴黎後，入住盧滕西亞酒店（Hotel Lutetia）。隨後，在巴黎的中國留學生邀請代表團在哲人廳（Société Savante）開談話會。左圖為哲人廳，今為巴黎第四大學，2014年10月1日，陳占彪攝；右圖為重修中的盧滕西亞酒店，2014年9月12日，陳占彪攝

貳　巴黎夢破土難全

在中國代表團到了巴黎後,我們就在哲人廳(Société Savante)請他們來開談話會。……開會後由主席李聖章報告開會的目的,並要求代表團表示他們對於山東的問題的意見。陸徵祥的回答不著邊際,其餘的代表們除魏宸組以外並沒有發言。這時同學何魯走到講臺前要求發言,他就指著陸徵祥大責問他,問他二十一條是不是他任內所簽訂,陸徵祥無法否認,只好當眾點頭承認。

李宗侗:《巴黎中國留學生及工人反對對德和約簽字的經過》,《傳記文學》第6卷第6期。

巴黎和會

1919年1月18日,巴黎和會在凡爾賽宮召開。圖片左下角衣領上打×者為出席和會的中國代表顧維鈞氏。圖片選自班鵬志:《接收青島紀念寫真》,商務印書館1924年版

　　1919年1月18日至6月28日,戰勝的協約國在巴黎召開巴黎和會。參加巴黎和會的國家有27個,與會各國代表1000多人,其中全權代表70人,各類工作人員1萬多人。和會中,法國總理克里孟梭、英國首相勞合·喬治和美國總統威爾遜「三巨頭」主宰了和會。

貳　巴黎夢破土難全

日人甘言

1919年1月21日，日本內田外相發表對華外交方針宣言稱，要「將該租借地交還中國」。5月4日，日本代表牧野在巴黎亦聲明「日本完全將山東半島主權付還中國」。對於這樣的話，中國人是「聽得見，信不及」。圖片選自《益世報》1919年5月30日，10版

日人甘言

　　帝國對鄰邦之中國，勿論毫無領土之野心，凡有形無形有礙中國國利民福之何等行動，皆所不為，唯恪守從前屢次聲明，尊重中國之獨立與領土保全、商工業機會均等、門戶開放之主義。使中日兩國，成永遠且真實之親善關係，此帝國之夙志也。因此歐洲講和會議，帝國以公正友好之精神，處置與中國關係諸問題，實有最深之觀念，彼膠州灣租地，帝國政府，一俟由德國取得自由處分權時，即當遵照大正四年五月二十五日，關於山東省日支條約及換文之規定，將該租借地交還中國。

《日本內田外相對華外交方針宣言》1919 年 1 月 21 日

貳　巴黎夢破土難全

索要報酬

日本認為德國在膠州灣的利權是靠日本的實力收回的，因此，日本應當繼承德國在山東享有的權利，以作為日本參戰之報酬。圖片選自《益世報》1919 年 5 月 2 日，10 版

索要報酬

　　日本在青島驅逐德人，犧牲兩千名可貴之生命，誠係事實，但中國人民深知歐洲戰場大半借美軍兩百萬之協助，故美國犧牲之生命，較諸日本奚啻三十倍，而美國固未嘗願在此已恢復之亞、羅兩省地方要求路礦也。尚有一事為眾所知者，英國多少健兒戰死於法蘭特斯地方，該地幾成為英國少年之墳地，且負世界最大之國債，然英國對於比利時亦未曾要求一二讓與權，或請求必須讓予其他人所不能有之各物也。

外交部致陸徵祥 1919 年 2 月 26 日

貳　巴黎夢破土難全

顧使發言

1919年1月28日,顧維鈞專使在「十人會」會議上闡明中國立場,雖然發言大獲成功,但卻於事無補。圖為顧維鈞像。

顧使發言

　　顧專使在會宣言，要旨如下：……以形勢言，膠州為中國北部門戶，為自海至京最捷徑路之關鍵，且膠濟鐵路與津浦相接，可以直達首都。即僅為國防問題，中國全權斷不能聽任何他國於此重要地點，有所爭持。以文化言，山東為孔孟降生之地，即中國人民所視為神聖之地。中國進化，該省力量居多，故該省為中國全國人民目光之所集。以經濟言，該省地狹而民庶，面積不過二萬五千方英里，人口多至三十六兆，人煙稠密，競存不易，設有他國侵入其間，不過魚肉土著而已，亦不能為殖民地也。故以今日會議所承認之民族及領土之完全各原則言之，則該地之歸還中國，實為應得之權利。

陸徵祥巴黎來電 1919 年 1 月 30 日

貳　巴黎夢破土難全

用心深險

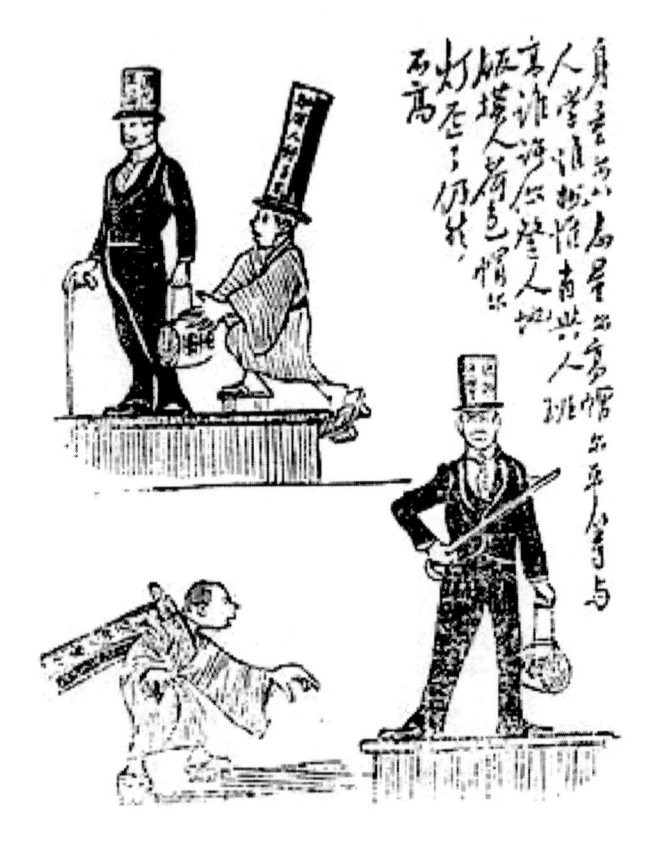

日本一面以一九一七年之密約，箝制英、法，一面以不參加國聯及提出人種平等要求案，窘嚇美國。圖片選自《益世報》1919年4月27日，10版

用心深險

　　日本並在國聯憲章委員會上故意提出人種平等原則，予威總統以難題。緣當時美國移民法，嚴限外人入境，中日兩國人民，尤感覺限制之苛。得此基本原則，他日可按以交涉，冀可改善放寬。然此為美國國會所不能接受，即對於國聯憲章，多一攻擊理由。日代表固熟知之，而特為提出，以增添威總統頭痛，亦令我代表有不能不贊同原則之苦衷。用心深險，至於如此。

　　　　金問泗：《從巴黎和會到國聯》，臺北：傳記文學出版社1983年版

貳　巴黎夢破土難全

沆瀣一氣

1919 年 4 月 22 日，威爾遜、勞合‧喬治和克里孟梭約見中國代表團，讓中國從「讓日本取得中日成約的權利」和「讓日本繼承德國在山東的權利」兩者之中，選擇其一。圖片選自《益世報》1991 年 1 月 23 日，10 版

沆瀣一氣

　　威爾遜說，以上的考慮都是慎重的，但他個人不贊成顧的看法，即與日本訂立的條約是不公正的安排。條約的神聖正是大戰的主要動力之一，它並非一堆廢紙。如果條約與和平賴以存在的原則不符，我們還是不能廢除過去的義務。如果只接受原則，我們就要從歷史上退回去，法國就要接受一八一五年的條約，那樣就沒完沒了了。不能因為被一個條約所制，便漠視正義。

「三人會」會議記錄 1919 年 4 月 22 日

貳　巴黎夢破土難全

歸還空瓶

The Question of Tsingtoa.

Drink up the beer and return the bottle generously.

1919年5月1日，三國會議通告中方代表，日本將繼承德國原來在華特權。圖為漫畫《思悠悠，恨悠悠，恨到歸時方罷休》。「啤酒已盡，乃以空瓶歸還原主。此種計畫，未免侮人太甚。」圖片選自《上海潑克》

歸還空瓶

　　一九一九年五月一日,英外部斐福爾君代表三國會議,以議決山東問題辦法面告中國代表,中國代表藉悉此項列入和約之條款極為寬泛。德國昔時有之政治上權利歸還中國,而以經濟上權利給予日本,即青島設立租界及合辦以來之膠濟鐵路,暨相連之礦產與擬築造之其他鐵路兩道。

陸徵祥致外交部 1919 年 5 月 13 日到

貳 巴黎夢破土難全

外交失敗

巴黎和會列強無視中國正當要求,縱容日本侵略行徑,致使中國外交失敗,成為五四運動的導火線。圖為沈泊塵漫畫《長蛇猛獸動地來,衝破和平正義塔》

第一五六條：德國根據一八九八年三月六日之中德條約及其關於山東一切協約所獲得一切權利、特權；膠州之領土、鐵路、礦山、海底電線等，一概讓與日本。

第一五七條：膠州灣內德國國有動產、不動產及關於該地直接、間接之建築及其他工事，無報酬讓與日本。

第一五八條：德國於和約實行後三個月內，將關於膠州之民治、軍政、財政、司法等一切簿籍、地券、契據、公文書讓渡與日本。

對德和約中有關德人將山東權利讓與日本之條款 1919 年 6 月

貳　巴黎夢破土難全

曷勝憤慨

巴黎和會中，以大會主席法國總理克里孟梭為首的列強對中國的正當訴求蠻橫拒絕。圖為「大皇宮」（Le Grand Palais）旁的法前總理克里孟梭（Georges Clemenceau）像，像前鮮花為時任法國總統奧朗德（François Hollande）於 2014 年 11 月 11 日「一戰」勝利紀念日所獻。2014 年 11 月 11 日，陳占彪攝

曷勝憤慨

　　此事我國節節退讓，最初主張注入約內，不允；改附約後，又不允，改在約外，又不允，改為僅用聲明不用保留字樣，又不允；不得已改為臨時分函，聲明不能因簽字而有妨將來之提請重議云云。豈知時直至今午完全被拒，此事於我國領土完全及前途安固關係至巨。……不料大會專橫至此，竟不稍顧我國家纖微體面，曷勝憤慨。弱國交涉，始爭終讓，幾成慣例，此次若再隱忍簽字，我國前途將更無外交之可言。

陸徵祥致外交部 1919 年 7 月 2 日到

貳　巴黎夢破土難全

信仰毀滅

巴黎和會中，對中國抱以同情態度的美國以主持正義始，以無奈妥協終。圖片選自《益世報》1919年5月5日，10版

信仰毀滅

美駐華公使芮恩施云：世界各國中，對於美國在巴黎和會的領袖地位，推崇之高，期望之切，始無有越於中國者。中國人民，無論遐邇，信託美國，信託威爾遜總統歷次宣布的原則。他們對於控制巴黎和會的一般老人，不勝其失望與迷惘。中國人民受此沉重的打擊，所產生的失望，與乎對於國際正義信仰的毀滅，思之令人痛心。

姚崧齡：《芮恩施使華記要》，臺北：傳記文學出版社 1971 年版

貳　巴黎夢破土難全

圍堵陸使

和約簽字的前夕,巴黎的中國學生工人,前往巴黎西郊的聖克盧醫院,圍堵在此養病的陸徵祥,以阻其簽字。圖為維修中的聖克盧醫院(Hôpital de Saint-Cloud)。2014 年 9 月 17 日,陳占彪攝

圍堵陸使

到了第二天一清早，共有學生工人四十餘人，包圍了聖克盧陸氏的寓邸，陸徵祥的汽車已經停在門口，大家就推派李聖章一人代表進屋見他，李聖章就問他是不是不簽字，他說一定不簽字，李聖章就說你要簽字我褲袋裡這支槍亦不能寬恕你，一方面李聖章拍拍他自己的口袋。這一天他袋中的確有一支槍，另外這天工人中帶有手槍的也大有人在，預備等陸氏上車的時候，他們用槍打毀他的車胎，使他的車開不動。在聖章方面，他已經寫好了一份自白書，預備打死陸徵祥以後在警察面前自白。

李宗侗：《巴黎中國留學生及工人反對對德和約簽字的經過》，《傳記文學》第6卷第6期

貳　巴黎夢破土難全

憤然拒簽

1919年6月28日,《凡爾賽和約》在凡爾賽的鏡廳簽字,中國代表拒絕出席簽字。圖為當時簽字之情形。圖片選自 Current History Vol10,NO2,August,1919

憤然拒簽

　　那是大清晨。彼時情形我記憶猶新，我自己驅車駛離醫院。那真可謂一次旅行——在清晨五、六點鐘時分，從聖·克盧德到巴黎，竟用了十五甚或二十分鐘。汽車緩緩行駛在黎明的晨曦中，我覺得一切都是那樣黯淡——那天色、那樹影、那沉寂的街道。我想，這一天必將被視為一個悲慘的日子，留存於中國歷史上。同時，我暗自想像著和會閉幕典禮的盛況，想像著當出席和會的代表們看到為中國全權代表留著的兩把座椅上一直空蕩無人時，將會怎樣地驚異、激動。

　　　　顧維鈞：《顧維鈞回憶錄》第一分冊，中國社會科學院近代史
　　　　研究所譯，中華書局 1983 年版

貳　巴黎夢破土難全

得簽奧約

1919 年 9 月 10 日，對奧和約簽字典禮在聖日耳曼昂萊（Saint-Germain-en-Laye）的聖日曼宮（Château Vieux de Saint-Germain-en-Laye）正式舉行，由是中國仍可成為新創立的「國聯」的成員。圖為聖日曼宮，今為國立考古學博物館（Musée des Antiquités Nationales）。2014 年 9 月 25 日，陳占彪攝

得簽奧約

　　未簽德約情形，業於二十八日電呈在案。茲與各全權等商善後辦法二端：一、奧約須往簽字，則中國仍在協約國團體之內，且仍可為國際聯合會發起會員之一，雖此間東鄰委員團微聞有藉詞拒我單簽奧約之意。唯近日會中各股開會，照常邀我列席，且前尚無為難情形發生，此後自當步步注意，以達往簽目的。

陸徵祥來電 1919 年 7 月 7 日到

貳　巴黎夢破士難全

歡迎歸返

和會結束翌日,陸徵祥受命往赴羅馬,在那不勒斯應邀畫像,以紀念在和會上捍衛中國權益之艱辛。在此像右上方,是陸氏的座右銘「慎獨」的拉丁文字 Non sibi Illudere 環繞著陸徵祥名字的首字母 L.T.T.1927 年,陸氏本人將此畫像捐獻給瑞士伯爾尼歷史博物館。圖片選自陸徵祥(Lou Tseng-Tiang)的《回憶與思考》(Souvenirs et pensées)(Bruges Desclée de Brouwer,1945),陳占彪於 2014 年 8 月 29 日攝於法蘭西學院圖書館(La Bibliothèque du Collège de France)

歡迎歸返

　　我從巴黎和會回來，船到吳淞口，岸上立幾千人，打著旗。旗字大書「不簽字」「歡迎不簽字代表」。船主不知道是怎麼一回事，他不明了民眾是反對還是歡迎。那是午後五點，我正在剃鬍子。船主託人告訴我，請加謹慎。我說他們既是歡迎必然無事。趕到吳淞口的人，以為我將在吳淞登岸，我們的船卻直駛上海。吳淞口的人都已趕回上海。上海的幾位朋友走來歡迎，都不能近前，因岸上的人多極了。當晚我就乘車去北京。車站站長請見，言民眾都圍在車站外，可否讓他們進站。我說當然讓他們進來。我往火車站，一路水洩不通。巡警與祕書等，沿途大喊，讓陸專使登車。登車後在車上出見民眾。

　　　　羅光：《陸徵祥傳》，臺灣商務印書館 1967 年版

貳　巴黎夢破土難全

参

奸人媚日千夫指

參　奸人媚日千夫指

親日外交

左圖為但杜宇的漫畫《引鬼入門》，圖片選自《國恥畫譜》，民權報社出版部 1919 年；右圖選自《益世報》1919 年 2 月 17 日，10 版

人謂我親日，我不否認，唯我之親日，由於情感，非為勢力，可親則親，不可親即不親，故我之親日，並非媚日。

　　　　曹汝霖：《曹汝霖一生之回憶》，臺北：傳記文學出版社 1970 年版

國人懷恨

China's Reformation
"A good swordsman is not a quarreller."

「從前主張改造中國之大人物,以為棄一老怪即可以撤除種種阻礙,豈知新出之小怪,其能力遠勝老怪。中國欲圖改造,先須棄此小怪、小怪者,曹、陸等是也。」圖為漫畫《改造不易,空談何益》,圖片選自《上海潑克》

參　奸人媚日千夫指

　　自從一次歐洲大戰發生，列強無暇東顧，打破了均勢的局面，日本頗有蠶食鯨吞，獨自併吞中國的野心，先於民國四年迫我承認廿一條，後又攫奪青島，占據膠濟鐵路以控制山東半島，國人懍懍危懼，有國亡無日之痛，於是由於痛恨日本，轉而憎恨親日派外交大員。

　　王撫洲：《曹汝霖與五四運動》，《傳記文學》第 17 卷第 1 期

謂我簽字

圖為鐵路協會名譽會長、交通總長曹汝霖。圖片選自《鐵路協會會報》，1917 年第 56—57 期

參　奸人媚日千夫指

　　國人既懷恨日本，遂益遷怒於親日之人。甚至張冠李戴，謂二十一條由我簽字；其後巴黎和會失敗，亦歸咎於我；於是群起而攻，掀起五四風潮，指我為賣國賊，大有不共戴天之概。然而事實經過，何嘗如此！清夜捫心，俯仰無愧。徒以三人成虎，世不加察，以致惡性宣傳，儼然鐵案，甚矣，積非成是之可懼也！

　　曹汝霖：《曹汝霖一生之回憶・前言》，臺北：傳記文學出版社1970年版

何緣見罪

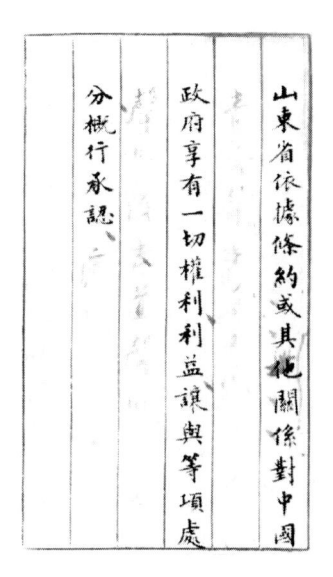

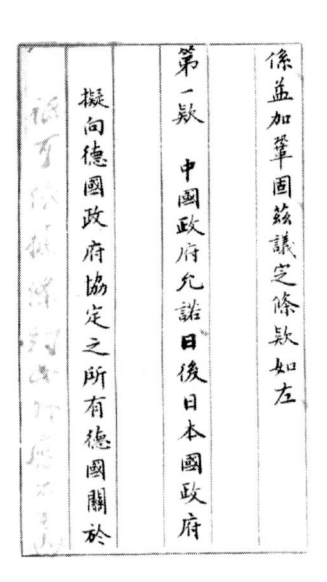

圖為「二十一條」原案及時任總統的袁世凱的硃批。圖片選自陳瑞芳，王會娟編：《天津市歷史博物館藏北洋軍閥史料·袁世凱卷》2，天津古籍出版社1996年版

卷查二十一條要挾事件，汝霖時任外交次長，與總長陸徵祥、前任該部參事現駐美公使顧維鈞、前駐日公使陸宗輿，內外協力應付，千迴百折，際一髮千鈞之時，始克取消第五項。經過事實，我大總統在國務卿任內，知之甚詳。不敢言功，何緣見罪？

曹汝霖辭呈 1919 年 5 月 6 日

參　奸人媚日千夫指

點金有術

國恥紀念會插畫。圖片選自《民國日報》1919 年 5 月 12 日，12 版

　　至於濟順、高徐各路借款，汝霖比時兼長財政，適逢我大總統就職之初，政費軍儲，羅掘罄盡，危疑震撼，關係匪輕。而歐美各國戰事方酣，無力接濟。汝霖仰屋旁皇，點金乏術，因與日本資本家商訂濟順等路借款，預備合約，並同時要求日本將山東膠濟鐵路沿線撤退日軍，由中國自行組織巡警隊，保護鐵路；又撤廢膠濟沿線民政署諸重要問題，一律解決。

曹汝霖辭呈 1919 年 5 月 6 日

助段武統

"Money, thou bone of bliss and source of woe."
Henbert, Japanese Industrial Loans.

「借債對內,此真所謂遠交近攻」。圖片選自《上海潑克》

參　奸人媚日千夫指

　　又曹云對日借款是助段實行武力統一政策，這一政策的正當性如何，我們不必加以評論，但曹本人也知道，不僅南方集團反對段的武力統一，即北洋軍閥內部，除段系之外，也都是反對段的武力統一。要武力統一必須有錢，曹之能向日人借款，固然使他重要，但也使他遭受一切反對武力統一的軍人、政客集團所嫉恨。這即是曹潤田當時的真正處境。

　　王撫洲：《曹汝霖與五四運動》，《傳記文學》第 17 卷第 1 期

阿瞞請客

但杜宇:《阿瞞請客,珍饈雜陳》,圖片選自《國恥畫譜》,民權報社出版部 1919 年

參　奸人媚日千夫指

　　近日無錫各街道,遍貼一種救國新詩。詩曰:可恨當年偃月刀,華容道上未斬曹,到今留下奸賊種,賄賣疆土害同胞。又一首曰:堪恨當年中牟命,招商旅店太多情,倘使早殺奸雄賊。今朝那有賣國人。

海上閒人:《上海罷市實錄》,公義社 1919 年版

洗刷前愆

段祺瑞後來為曹陸章鳴冤叫屈。圖為段祺瑞像。圖片選自班鵬志:《接收青島紀念寫真》,商務印書館 1924 年版

參　奸人媚日千夫指

　　賣國曹陸章，何嘗究所以？章我素遠隔，何故謗未弭。三君曾同學，宮商聯角徵。休怪殃池魚，亦因城門毀。歐戰我積弱，比鄰恰染指。陸持節扶桑，樽俎費唇齒。撤回第五條，智力亦足使。曹迭掌度支，讕言騰薏苡。貨債乃通例，胡不諒人只。款皆十足交，絲毫未肥己。列邦所希有，誣衊乃復爾。忠恕固難喻，甘以非為是。數雖一億零，案可考終始。參戰所收回，奚啻十倍蓰。

段祺瑞書贈曹汝霖詩

勛勤夙著

圖為駐日公使陸宗輿。圖片選自《中國實業雜誌》1914年第5卷第4期

參　奸人媚日千夫指

　　該總裁瀝陳在駐日公使任內，辦理膠州案件，如證還膠澳縮小戰區等事，具臻妥協。其於二十一條案件，與前外交次長曹汝霖協力挽救，所全尤大。至對德宣戰問題，尤能見機，事前多方準備，有裨大局。該總裁等相從辦事有年，勛勤夙著，未可以流言附會，致掩前勞。當茲時局艱屯，正賴同心匡翊，所請免職之處，著毋庸議。

大總統慰留陸宗輿指令 1919 年 5 月 14 日

為秦庭哭

圖為「二十一條」交涉時袁世凱墨批陸宗輿電。圖片選自李毓澍：《中日二十一條交涉》上，臺北：中研院近代史研究所 1966 年版

　　五號條件，關我國權至大，國人皆能記憶。然民國四年五月初五日東三省已布戒嚴令，初七日愛的密敦書之來，忽將五號撤去，此雖由於日政府猶有顧念邦交之意，而所以致此者究

參　奸人媚日千夫指

何因此？……宗輿則知能顧全東亞大局之人，日本大有人在，固已早為之所，至五月初四初五極不得已時，勢不能不對其有心有力之要人，力陳利害，為秦庭之哭。唯事關機密，現尚未便盡宣，顧彼實因是感動，提議撤銷五號者也。

陸宗輿辭呈 1919 年 5 月 9 日

林礦借款

"A goodly apple rotten at the heart."
The Shylock in the Far East.

「一身百孔千瘡，表面挺胸凸肚，此之謂國際間之荷花大少。」圖片選自《上海潑克》

參　奸人媚日千夫指

　　若所謂賣國頭銜者，實壞於吉黑之林礦借款。原來該借款之欲求匯行代轉合約，係中日兩政府之轉圜辦法，而為輿所拒謝。時潤田長財政，需用孔急，以至我兩人大生齟齬，致數日不相往來。一日輿為合肥所招，謂曹錕師將北潰，苟無大借款以撐此局面，則政局將生絕大波瀾，除將三千萬日金借款令匯業代轉合約，以期速得款項救急之外，絕無其他辦法。……輿以義不容辭，而允為即簽。自此吉省方面先起風潮，傳染至於北京學潮。

陸宗輿：《五十自述記》，《北京日報》1925年版

削除鄉籍

圖為鄉人所立「賣國賊陸宗輿」之殘碑。2018 年 2 月 10 日，陳占彪攝於嘉興南湖革命紀念館

　　青島問題，交涉失敗，推原禍始，良由陸宗輿等祕結條約，甘心賣國所致。義情憤激，已於元日特開國民大會，到者萬餘人。公決以後不認陸宗輿為海寧人，以為賣國者戒。海寧峽石鎮國民大會陳守愚等公叩。寒。

　　　　　龔振黃編：《青島潮》，上海泰東圖書局 1919 年版

參　奸人媚日千夫指

　　北京上海及各省學生聯合會、各報館、各商會、各團體公鑑：賣國之賊，不共戴天。近竭陸宗輿、章宗祥、曹汝霖將辭職遁歸。查陸係海寧籍，現經公眾議決，宣告削除鄉籍，以謝天下。如或遁歸故里，同人願與眾共棄之。人之公憤，誰不如我，呈請曹章同鄉，依樣對待，一致進行。海寧長安鎮教習會暨學界同人公叩。

海上閒人：《上海罷市實錄》，公義社 1919 年版

恪遵訓令

圖為新任駐日公使章宗祥像。圖片選自《大中華》1916年第2卷第8期

参　奸人媚日千夫指

　　撫膺自問，奉職三年，苟有利於國家，未嘗不唯力是視。所有辦理中日交涉事宜，無一不恪遵政府訓令，往來文電，有案可稽。

章宗祥辭呈，王藝生：《六十年來中國與日本》第 7 卷，生活·讀書·新知三聯書店 1981 年版

欣然同意

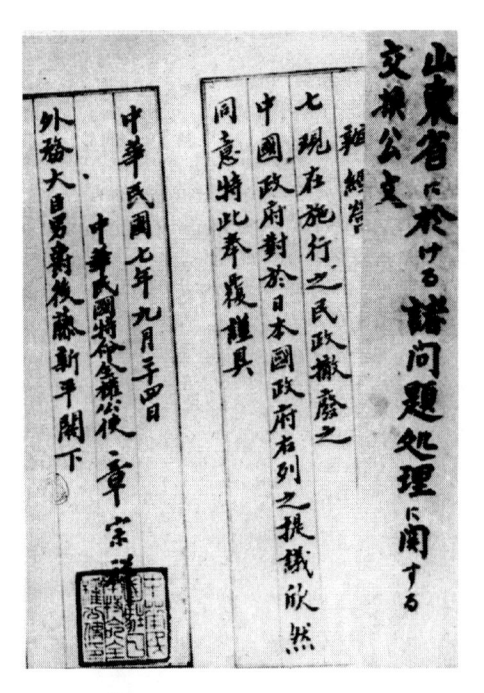

1918年9月24日，中國與日本簽訂濟順（從濟南到順德）高徐（從高密到徐州）兩路借款換文的同時，簽署過一項包含將膠濟沿線之日軍撤兵至青島的解決山東問題的換文，章宗祥在回覆日本外務大臣近藤新平的照會中說，「中國政府對於日本國政府右列之提議欣然同意」。巴黎和會中竟誤以此為中國承認日本在山東的利益。圖為章宗祥簽署的該換文。圖片選自黃大受主編：《風雲中華珍本》，臺北：新晨出版社有限公司1976年

參　奸人媚日千夫指

不料自五月一日起,由巴黎和會傳到北京的消息一天險惡一天。到了五月三日,由幾家報紙和幾個外國教員宣傳的消息,竟說中國的外交已完全失敗,並說失敗的原因完全在曹汝霖、章宗祥、陸宗輿等祕密訂定高徐、濟順兩路借款合約的換文上所有的「欣然承諾」(按,為「欣然同意」)四個大字上面。因為「二十一條」的承認還可以說是由於最後通牒壓迫的結果,在以謀永久和平相標榜的和會場中可以藉著各國的同情把全案推翻的,但日本的外交家卻能立刻拿出中國專使所未曾知道的密約換文上所有的「欣然承諾」四個字來作非強迫承認的反證,來作箝制中國專使的口的利器。

匡互生:《五四運動紀實及其他》,自由社刊行 1937 年版

擬除學籍

左圖為《南洋同學擬除章宗祥學籍》,《每週大事記》1919 年第 15 期；右圖為《章宗祥削除學籍》,《益世報》1919 年 5 月 28 日,3 版

聞該會接同學邵仲輝、鮑厘人二君來函,因章宗祥媚日,已為國人共棄,應將其學籍削去,並宣布不認為同學會會員,或於校中鑄造像懲奸,風示全國。

《南洋同學擬除章宗祥學籍》,《每週大事記》1919 年第 15 期

参 奸人媚日千夫指

肆
闔府呼朋大火燃

肆　闖府呼朋大火燃

五四前奏

以共同防德的名義，中日簽訂了《中日陸軍共同防敵軍事協定》（1918 年 5 月 16 日）和《中日海軍共同防敵軍事協定》（1918 年 5 月 19 日），並參與了對蘇聯的武裝干涉。5 月 21 日，北京 2000 多名學生請願以抗議中日軍事互助協定。「共同協約成立，中日人物互有受勛者，同為謀國而謀字之意味不同。」圖為漫畫《彼方同心謀國也，此方同心害國乎》。圖片選自《上海潑克》。

五四前奏

  民國七年（一九一八）五月十六日，日本與北京政府訂立軍事協定。並成立高徐順濟鐵路借款預備合約，借款為日金二億五千萬元。預備合約限定於四個月內訂立正式合約。合約的附件還有關於山東問題的換文，為日本承受德國在山東的利權，加了一重保證。

  北京大專學校學生知道了這些消息，結成隊伍到新華門情願。他們請願的目的在阻止政府對正式合約的簽字與蓋印。當時總統是馮國璋。他接見學生代表，告以此事的權在國務院。學生隊伍遂由新華門轉到金鰲玉蝀橋頭之國務院。當時國務院總理是段祺瑞。他拒絕接見學生代表。

    陶希聖：《潮流與點滴》，臺北：傳記文學出版社 1979 年版

肆　闔府呼朋大火燃

三一運動

五四運動前夕，1919 年 3 月 1 日，朝鮮民眾集會，要求獨立，慘遭日人鎮壓，是為朝鮮的「三一運動」。圖為朝鮮民眾宣布獨立之情形。圖片選自《黑潮》1919 年 10 月號

且朝鮮之與日本，以血統言，較中國為尤親；以文化言，更為啟發日本之恩人。以怨報德，尤東洋道德所不許。此次朝鮮人民無抵抗之獨立運動，日本言論界絕乏為之表同情者。以視英之於愛爾蘭，美之於菲律賓，相去誠不可以道裡計矣。

《張繼何天炯戴傳賢告日本國民書》1919 年 5 月 8 日

送賊回國

東京的中國留學生為章宗祥回國「送白旗」。圖片選自《益世報》1919年4月20日，10版

肆　闔府呼朋大火燃

　　四月底，駐日公使章宗祥奉召回國，日本報紙宣布：四月二十九日下午，由東京出發。於是吳一峰找我，說我們都到東京車站送他回國，各人懷一紙旗，上寫「打倒賣國賊章宗祥」。我到東京車站時，已人山人海，中國學生已有千人左右。吳一峰發動此事，未以總會名義來發號施令，何以有這麼多人來，我也出乎意外。加以日本人送章氏回國者，較中國人更多。因章氏預定不再回東京了，所以有多人來送行。車將開行時，車站月臺，已布滿了人，中國學生一聲吼，各人把紙旗都拿出來，對著火車，高呼「打倒賣國賊章宗祥」。章太太與章宗祥站在一起，看見那麼多的紙旗，請章宗祥注意，章宗祥只作沒看見，而章太太則轉回頭痛哭去了。

　　　　龔德柏：《龔德柏回憶錄》，臺北：龍文出版社1989年版

外交警報

4月25日，國民外交協會接到梁任公巴黎來電，5月2日，《晨報》發表林長民的文章《外交警報敬告國民》，將和會失敗的消息傳遞國內。上圖選自《晨報》1919年5月2日，2版；下圖描述了其時一些赴歐代表團前往巴黎觀察和會的情形。下圖選自《益世報》1919年2月11日，10版

肆　鬨府呼朋大火燃

今果至此,則膠州亡矣,山東亡矣,國不國矣!此惡[噩]耗前兩日,僕即聞之。今得梁任公電,乃證實矣。……更聞日本力爭之理由無他,但執千九百十五年之二十一款,及千九百十八年之膠濟換文,及諸鐵路草約為口實。嗚呼!二十一款出於脅逼,膠濟換文以路所屬確定為前提,不得徑為應屬日本之據。濟順高徐草約為預備合約,並未正式訂定,此皆國民所不能承認者也。國亡無日,願合我四萬萬眾誓死圖之!

林長民:《外交警報敬告國民》,《晨報》1919 年 5 月 2 日,2 版

嚙指血書

圖片選自《益世報》1919年5月13日，10版

肆　闖府呼朋大火燃

　　五月三日下午七時，第三院大禮堂中擠滿了人。北大同學一千多人幾乎是全體出席，其他各校熱心同學趕來參加的也有幾十人。在易克嶷主席宣告開會，說明宗旨之後，我即登臺發言，提出我上述的主張。這是我第一次在重要的群眾大會中發表演說，情緒不免有些緊張。……繼我上臺演說的是有名的「大砲」許德珩，他的講話具有甚大的鼓動力量。還有同學謝紹敏的當場嚙破中指，在一塊白手巾上血書「還我青島」四個大字，更激起全場的憤慨。大會於是一致決定聯絡各校同學，於次日正午在天安門集合，舉行示威遊行；各校到會的同學們也當場表示熱烈贊成。

　　　　張國燾：《我的回憶》第 1 冊，東方出版社 1998 年版

祕密會議

祕密會議

五四當日的高潮是火燒趙家樓,當時決定採取激烈行動是在五月三日晚上北京高等師範學校的祕密會議上決定的。五四真正「放火者」正是該校數理科四年級學生匡互生。圖為匡互生像。圖片選自北京師範大學校史資料室編:《五四運動與北京高師》,北京師範大學出版社 1984 年版

肆　闖府呼朋大火燃

　　在高師工學會的祕密會議上，有些同學一開始便激烈地主張：在可能範圍內進而不應該只用和平的遊街方式。在群情激昂的情形下，這個提議得到了透過。但暴動怎樣進行？用什麼武器？都沒有得到細密的考慮，大家只說由各人自己想辦法。據說有校外人士可以供給手槍。但問了一陣也沒有結果。不過在當夜，我們就分頭聯絡各校的志同道合分子，並一面派會員先將曹、章、陸等的住宅地址和門牌號數調查明白，一面設法從大柵欄一帶的照相館裡，把曹、章、陸等人的照片弄到了手，以便臨時有所對證。其餘的暴動準備，也只是由少數同學帶了點火柴和小瓶火油即使參與祕密會議的化學科同學，也沒有想到用烈性藥物。

　　周予同：《火燒趙家樓》，北京師範大學校史資料室編：《五四運動與北京高師》，北京師範大學出版社 1984 年版

法政集會

5月4日上午,學生在法政學堂集會,討論下午的遊行事宜。圖片選自《民國日報》1919年5月20日,12版

肆　闖府呼朋大火燃

　　四日上午十時，各校代表數十人，集於法政專門學校會議。蓋遵前日之會議進行者也。當時到者，有北京大學、高等師範、中國大學、朝陽大學、工業專門、警官學校、法政專門學校、農業學校、匯文大學、鐵路管理學校、醫學專門學校、稅務學校、民國大學等代表。到後遂商議如何演說，如何散布旗幟，如何經過各使館表示請求之意，如何到曹汝霖住宅表示國民不甘受賣之意。隨各分頭製備小白旗。製備略妥，遂散而赴天安門。時天安門前學生已陸續至矣。

大中華國民：《章宗祥》，愛國社 1919 年 6 月再版

天安門前

5月4日午後，學生集合於天安門前，宣布遊行的目的及路線後開始遊行。Sidney D.Gamble 攝，圖片選自 Jonathan D.Spence. The search for Mordern China.W.W.Norton & Company，1991

肆　闖府呼朋大火燃

　　時大多數學生遠立橋外,不識來人為誰,且誤會李統領之言,有人大呼賣國賊……賣國賊……因此秩序稍亂。幸代表尚能極力制止,一面向李統領婉言曰他們是誤會老前輩的意思,對老前輩是絲毫沒有意見的,大家都是為國,我們今天也不外遊街示眾,使中外知道中國人心未死,做政府外交的後盾而已。李統領聞言,亦即息怒,低聲言曰:「汝們有愛國心,難道我們做官的就不愛國,就要把地方讓給別人麼?不過總統之下還有我們各種機關,汝們如有意見,儘管由我轉達。若是汝們代表要見總統,我也可以替汝們帶領,反正總有個辦法,不能這種野蠻的。」

　　《山東問題中之學生界行動》,《晨報》1919 年 5 月 5 日,2 版

淚挽國賊

五四遊行隊伍中那副著名的「輓聯」係北京高等師範學生張潤芝所寫。圖片選自《人民畫報》1974年5月

肆　鬧府呼朋大火燃

　　記者忙即下車，近前一看，見中間立有白布大幟，兩旁用濃墨大書云：「賣國求榮，早知曹瞞碑無字；傾心媚外，不期章惇死有頭」，末書學界淚挽遺臭萬古曹汝霖、章宗祥、陸宗輿等字樣。此外各人所持小旗上書：「復我青島，不復青島毋寧死」，「頭可斷青島不可失」，「勿作五分鐘愛國心」，「取消二十一款條約」，「取消中日賣國協定」，「賣國賊曹汝霖、陸宗輿、章宗祥」，種種激昂字樣紀不勝紀（亦有用英文法文書者）。又有種種繪畫上書「賣國之四大金剛應處死刑」，「小餓鬼想吃天鵝肉」等字樣。

《山東問題中之學生界行動》,《晨報》1919 年 5 月 5 日，2 版

遞呈說貼

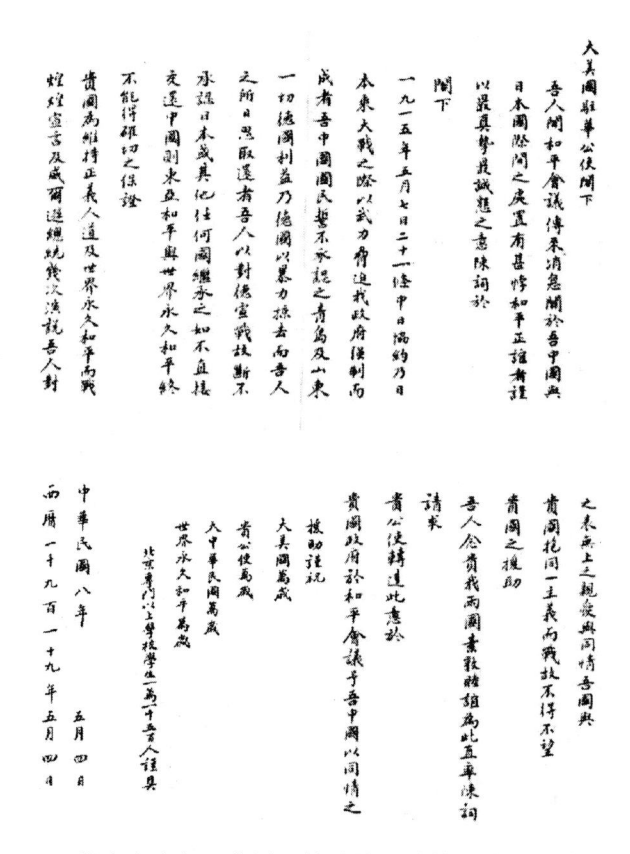

5月4日，學生在東交民巷遞呈的致美國公使說貼。圖片選自周策縱：《五四運動史（上）》，桂冠圖書股份有限公司1989年版

肆　鬧府呼朋大火燃

　　學生之赴東交民巷也,意在會晤英美法義四國公使,面遞山東問題之意見書,請望轉達各該國在巴黎之代表,冀能為吾國主張公道。乃到美使署時,美使芮恩施氏已赴西山。到法使署時,法使已往三貝子花園。義英兩使亦復以星期,故皆已出遊。唯美使館有館員延見,已將意見書接受,允俟美使回署轉達,其餘英法義使署人員皆以公使不在署,不敢接受意見書。

　　《山東問題中之學生界行動》,《晨報》1919 年 5 月 5 日,2 版

往趙家樓

學生在使館遇挫後,情緒高漲,這時有人大喊,「到外交部去」,「到曹汝霖家去」。第二排左一即為羅家倫。圖片選自羅家倫先生文存編輯委員會:《羅家倫先生文存》第 1 冊,中國國民黨中央委員會黨史委員會 1976 年版

　　大隊在東交民巷被阻,自一點半鐘起至三點半鐘止,足足停立了兩個鐘頭之久。最後就由大家決定改道向曹汝霖家裡走去。這時候負總指揮的責任的傅斯年,雖恐發生意外,極力阻止勿去,卻亦毫無效力了。大隊經過東長安街往趙家樓的時候,沿途都高呼賣國賊曹汝霖,賣國賊章宗祥,賣國賊陸某徐某段某和其他罵政府的話。

　　　　匡互生:《五四運動紀實及其他》,自由社刊行 1937 年版

肆　闖府呼朋大火燃

砸窗逾牆

圖為曹汝霖住宅「趙家樓」。圖片選自北京大學「五四運動」畫冊編輯小組：《五四運動畫冊》，文物出版社 1959 年版

砸窗逾牆

  這時突然有領隊某君（按，匡互生），奮不顧身，縱步跳上右邊小窗戶，隨即有好幾個警察死死地拉住他的腿往下拽，領隊的學生們看到後，有的就用盡力氣去掰開警察的手，堅持不下。另有一部分人就痛哭流涕地向他們演說：賣國賊如何賣國，中國如何危險等，警察們終於被感動而放鬆了手。某君頭向裡面一望，內部還有數十名武裝警察，正槍口對著他。接著某君向這些警察演說，警察大概也由於良心發現，不敢開槍，改變了瞄準的姿態。某君便不顧一切地跳下去，迅速而機警地把大門開了，於是大隊學生蜂擁而入。

  俞勁：《對火燒趙家樓的一點回憶》，中國社科院近代史研究所編：《五四運動回憶錄》續，中國社會科學出版社 1979 年版

肆　闊府呼朋大火燃

放火焚屋

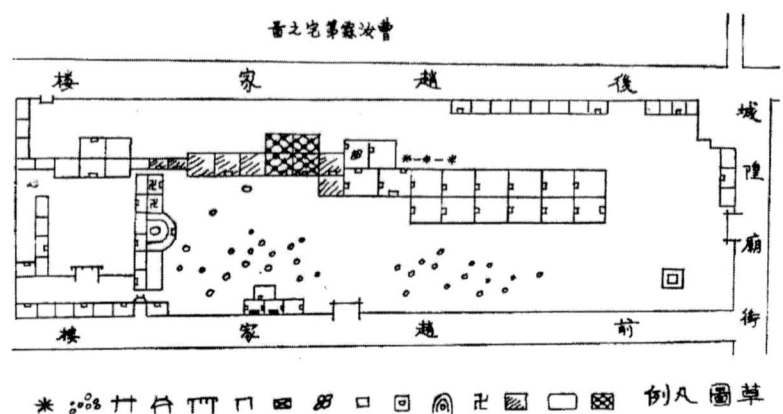

圖為被學生焚毀後的曹宅示意圖。圖片選自《北京檔案史料》1986年第 2 期

我行至曹家門外，看見穿著長衫的兩個學生，在身邊取出一隻洋鐵扁壺，內裝煤油，低聲說「放火」。然後進入四合院內北房，將地毯揭起。折疊在方桌上面，潑上煤油，便用火柴燃著，霎時濃煙冒起。我跟在他們後面，親眼看見。大家認得他倆是北京高等師範（北京師範大學前身）的學生。

肖勞：《火燒趙家樓的片段回憶》，中國人民政治協商會議北京市委員會文史資料研究委員會編：《文史資料選編》第 3 輯，北京出版社 1979 年版

打破賊頭

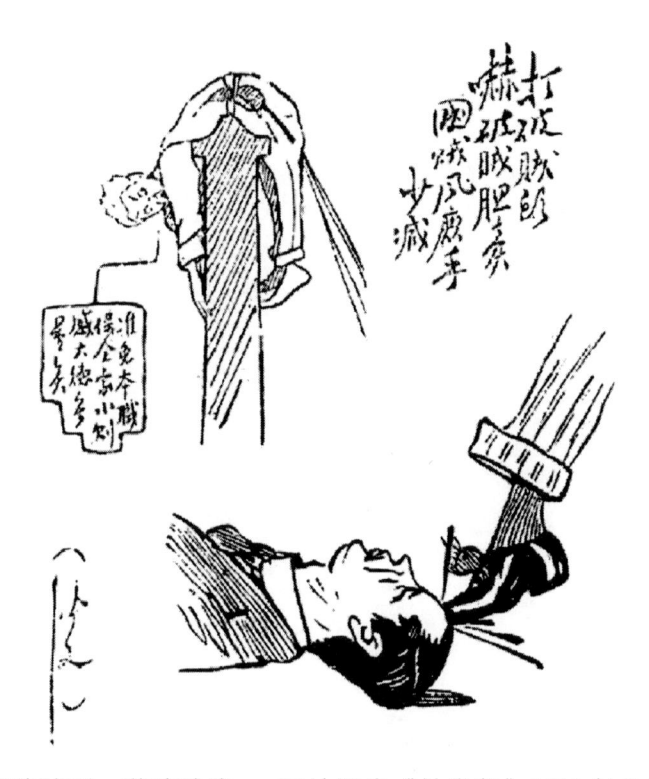

「打破賊頭,嚇破賊膽」。圖片選自《益世報》1919 年 5 月 8 日,10 版

肆　鬧府呼朋大火燃

　　仲和在鍋爐房,聽到上面放火,即跑出來,向後門奔走,被學生包圍撲打。他們見仲和穿了晨禮服,認為是我,西裝撕破。有一學生,將鐵桿向他後腦打了一下,仲和即倒地。問榼向警長說,現在學坐已放火傷人,成了現行犯,還能文明對待嗎?警長亦不理。

　　　　曹汝霖:《曹汝霖一生之回憶》,臺北:傳記文學出版社 1970年版

學生被拘

沒及時走散的學生被軍警抓獲。圖片選自《益世報》1919年5月18日，10版

肆　鬧府呼朋大火燃

　　該學生等紛紛逸去。旋經軍警在曹宅門外、後門外及附近各處，捕獲學生許德珩、陳宏勛、李良驥、魯其昌、潘淑、郝祖齡、易敬泉、李更新、楊振聲、何作霖、邱彬、梁彬文、楊荃駿、梁穎文、熊天祉、易克嶷、董紹舒、唐英國、陳樹聲（聲樹）、王德潤、初銘音、向大光、林公頓、薛榮周、趙永剛、張德、曹永、蕭濟時、劉國乾、江紹原、孫德中、牟振飛等三十二名。

《京師地方審判廳刑事第一庭對被捕學生案裁決書》
1925 年 1 月 31 日

法無可恕

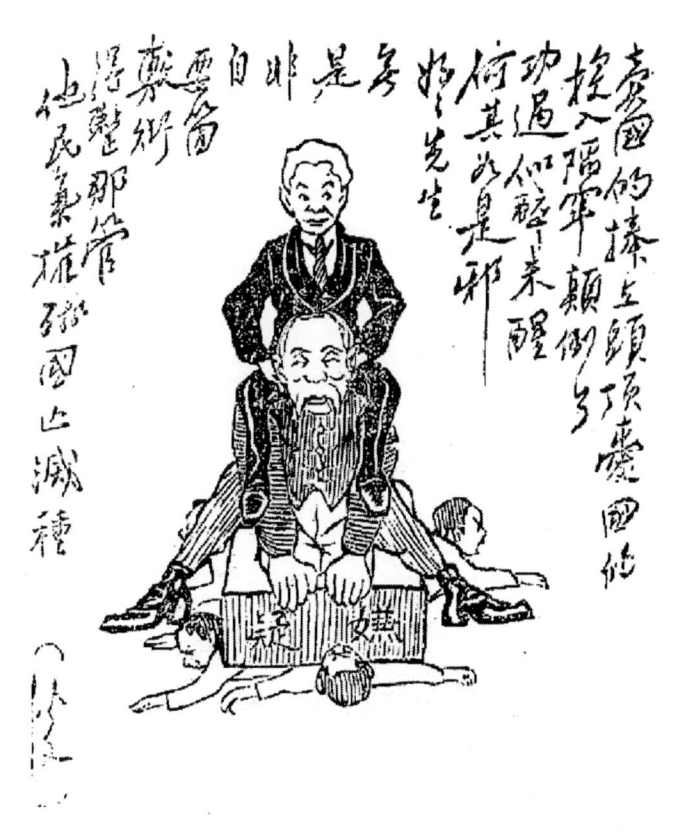

五月六日大總統令:「著即由該總監查明職名,呈候懲戒」。「欲加之罪,何患無辭。」圖片選自《益世報》1919 年 5 月 24 日,10 版

肆　鬧府呼朋大火燃

　　第二天（5日）上午，法科學生照常到譯學館上課。我們法律門一年級的第一課是刑法。刑法教授張孝簃先生走進講堂，即被同學們包圍。同學們注意的問題是昨天運動的法律問題，以及被捕同學責任問題。張孝簃先生答道：「我是現任法官，對於現實的案件，不應表示法律見解。我只說八個字：法無可恕，情有可原。」

　　　　陶希聖：《潮流與點滴》，臺北：傳記文學出版社 1979 年版

請君自首

五月八日大總統令云：「所有當場逮捕滋事之人，既由該廳送交法庭，應即由法庭依法辦理。」圖片選自《益世報》1919年5月20日，10版

肆　闖府呼朋大火燃

　　我的意思很平常，我願意學生事件付法庭辦理，願意檢廳去提起公訴，審廳去審理判罪，學生去遵判服罪。檢廳如果因人多，檢查的不清楚，不好辦理，我們盡可一一自首，就是情願犧牲，因為如不如此，我們所失的更大。在道理上講，打傷人是現行犯，是無可諱的。縱然曹、章罪大惡極，在罪名未成立時，他仍有他的自由。我們縱然是愛國急公的行為，也不能侵犯他，加暴行於他。縱然是國民公眾的舉動，也不能橫行，不管不顧。絕不能說我們所做的都對，就犯法也可以使得，我們民眾的舉動，就犯法也可以使得。

梁漱溟：《論學生事件》，《每週評論・特別附錄》
1919 年 5 月 18 日

各界呈保

5月5日，汪大燮、王寵惠、林長民聯名呈請警察廳保釋學生，6日，十三校校長及山東國會議員聯名呈保，同日，熊希齡等聯名呈保。左為汪大燮像，右為熊希齡像。右圖選自劉北汜，徐啟憲主編：《故宮珍藏人物照片薈萃》，紫禁城出版社1994年版

肆　闔府呼朋大火燃

　　竊本月四號，北京各校學生為外交問題奔走呼號，聚眾之下，致釀事變。當時喧擾場中，學生被捕者三十餘人，國民為國，激成過舉，其情可哀。而此三十餘人者，未必即為肇事之人，大燮等特先呈懇交保，釋放以後，如須審問即由大燮等擔保送案不悞。群情激動，事變更不可知。為此迫切直陳即乞準保國民幸甚，謹呈警察總監。具呈人：汪大燮、王寵惠、林長民。

　　　　《學生界事件昨聞》，《晨報》1919 年 5 月 6 日，2 版

全體罷課

5月5日下午，各校學生全體大會在北大法科大禮堂開會，成立中等以上學校學生聯合會，並決定罷課。圖為五四期間牆上張貼的標語。圖片選自班鵬志：《接收青島紀念寫真》，商務印書館1924年版

肆　鬧府呼朋大火燃

　　各專門以上學校之學生,以其同學因愛國之故竟被拘留,群情異常憤激,昨日相約罷課。據其宣布罷課之理由謂:各學校既痛外交之失敗,復憤同學之被拘,更有何心研求學問,此罷課之第一理由也;青島問題,當以死爭。被拘同學,亟宜營救,此罷課之第二理由也。以此之故,各校均全體罷課。

　　　　《學生界事件昨聞》,《晨報》1919年5月6日,2版

國恥紀念

國恥紀念

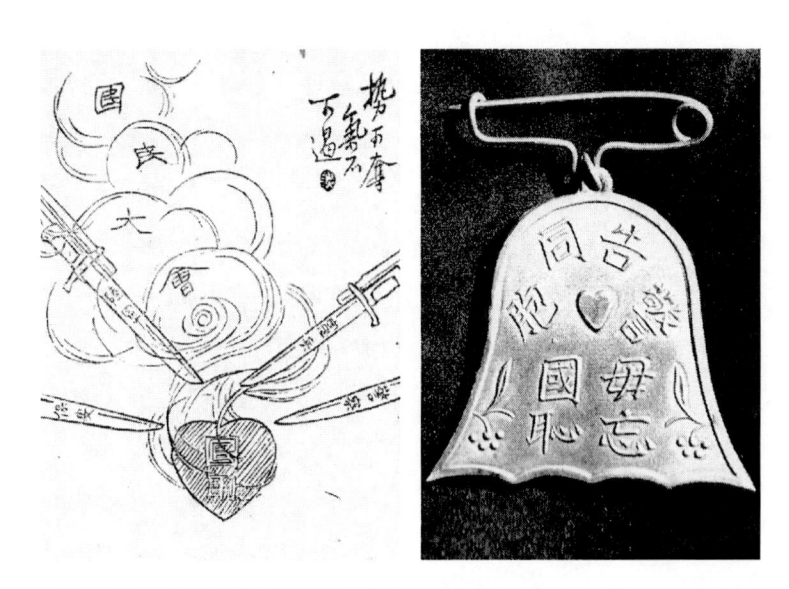

5月7日，在警方的阻撓下，國民外交協會由中央公園而石虎胡同，由石虎胡同而商務總會，由商務總會而先農壇，由先農壇仍復到石虎胡同召開國民大會，會後發致巴黎各專使電。左圖為各方阻撓紀念國恥的漫畫，圖片選自《益世報》1919年5月10日，10版；右圖為國恥紀念徽章，圖片選自張筱強，劉德喜，李繼鋒等：《圖片中國百年史》上，山東畫報出版社1994年版

肆　闊府呼朋大火燃

　　次由熊希齡君演說,略謂今日吾儕東奔西走,幾無容身之地,尚得在此與國人相見,亦云幸矣。諸君乎,今日政府宣布致陸專使兩電,此電均在學生遊街大會以後所發,政府能否堅持到底,目前尚難斷言。吾儕非嚴重鞭策不可。吾儕定本星期日仍在中央公園開國民大會,倘政府再加干涉,則吾儕赴南京開大會亦可,中華民國中,豈怕覓不出一處開會地耶?次由山東議員某某兩君相繼演說,言極激昂。

　　《國恥紀念日之國民大會》,《晨報》1919 年 5 月 8 日,2 版

國民大會

5月7日，為聲援被捕學生，各團體各學校各商幫，借上海縣西門外公共體育場，作為會址，特開國民大會。圖為「五七」國民大會之情形。圖片選自北京大學「五四運動」畫冊編輯小組：《五四運動》，文物出版社 1959 年版

　　所有會場布置皆由國民大會籌備處主事，所定會場秩序如下：（一）推定主席。（二）報告開會宗旨及經過情形。（三）宣布辦法。（甲）致電巴黎和會及我專使力爭青島及取消密約，不得則退出和會；（乙）要求懲辦賣國賊；（丙）要求釋放北京被拘學生。（四）演說。（五）遊行。

　　　　《五月七日之國民大會》，《申報》1919 年 5 月 8 日，10 版

肆　鬧府呼朋大火燃

良心救國

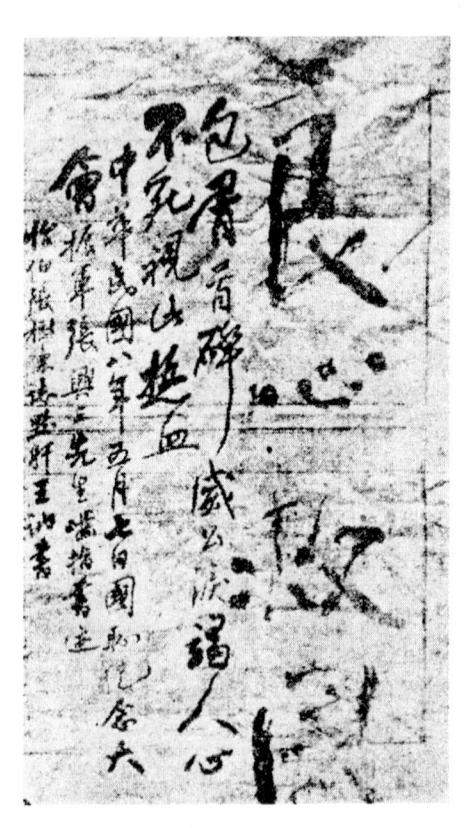

5月7日，山東各界六十二團體假山東省議會召開國恥紀念大會，會中張興三破指血書「良心救國」四字。本圖即為此一血書，旁云，「包胥不死，威公淚竭。人心不死，視此熱血。」圖片選自中國歷史博物館編：《中國近代史參考圖錄》下，上海教育出版社1984年版

良心救國

　　五月七日上午十二時在濟南省議會內召開了以學生為主的國恥紀念大會,到會者六七百人,除多數為學生外,還有議員與改良會、講演會等人士,而商界無一人參加。會上各界人士紛紛發言,力主收回青島及山東路礦權利等,有報界人士余吟笙者,大罵政府,並號召到會者各速回家聯絡市民人等,組織小刀會,速殺日本人,非此作法,青島實難挽回,而國恥非以血洗不可!這種愛國的激情,反映了山東各界人民對日本帝國主義者的刻骨仇恨。到會的紳學各界一致起立鼓掌贊成。另有張興三破指血書「良心救國」四個大字,血書留影迄今視之,猶可令人感奮!

　　李澄之:《五四運動在山東》,《山東省志資料》1959年第2期

肆　鬧府呼朋大火燃

大鬧東京

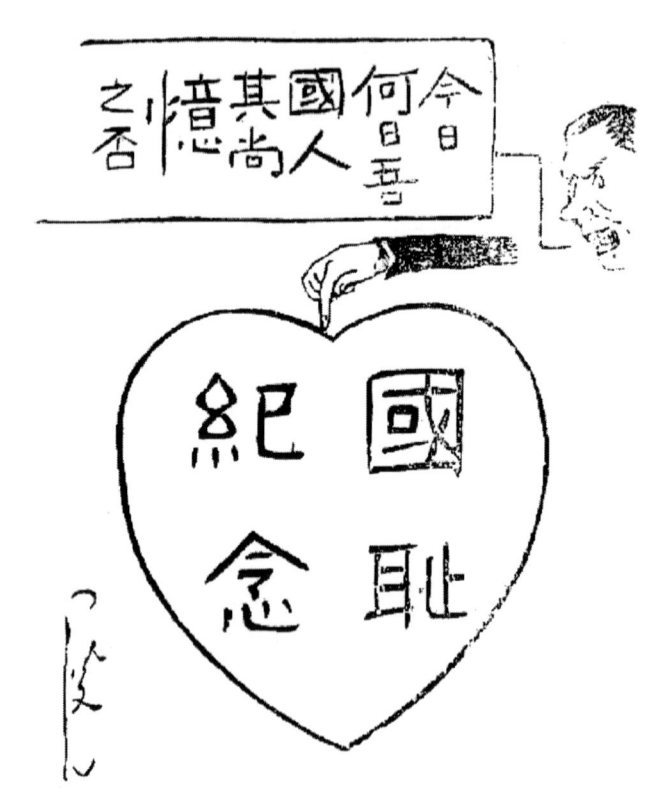

五七國恥日,在東京的中國留學生前往中國使館遊行示威,並向各國使館表達意見,為日人襲擊,並為日警拘捕。圖片選自《益世報》1919年5月7日,10版

大鬧東京

　　本午十二時遂聚百餘人,由神田青年會集合,向使館方面出發,各持國恥紀念日白旗,揚言雖死不辭,本日不達使館,開會之目的不止。日本警察廳早經得訊,立即添派警士,幸得憲兵之協助,四路解散。十二時五十分又有學生二百人在德使館前集合而來,被警察拒絕前進,折回日比谷公園,向美國大使館出發。三時又有學生一百餘人到美國大使館門內外會同由日比谷公園前來之學生,合共五百餘人,分往英法美瑞士國等使館,強求謁見各大公使。一路日警隨行,不肯稍懈,其先鋒旗被日警取去作證。四鐘又有學生六百人,由葵橋來至校門前,與日警衝突,手持凶器,聞不乏人,遂將日警手部砍傷,登時被捕十人,帶往警署,此外為日警眾遣退。四鐘半又有學生總代表來署,要求謁見,適璟珂進宮致賀之時,學生聚有二百餘人,不依解散,日警遂認為有害治安,依令強制解散之,中有學生三人,亦因抗拒被逮。此本午至四半鐘學生騷動之情形。

　　莊璟珂:《駐日代辦莊璟珂致政府電文》,1919 年 5 月 7 日

肆　闖府呼朋大火燃

學生獲釋

5月7日,得到各校校長擔保學生上課的承諾後,警廳釋放了被捕的學生。圖為北京高師被捕的「八勇士」佩戴胸花,光榮返校。照片中的八人自左至右,分別是:唐英國、趙允剛、薛榮周、初大告、向大光、楊明軒、王德潤、陳藎民。圖片選自北京師範大學校史資料室編:《五四運動與北京高師》,北京師範大學出版社1984年版

學生獲釋

　　先是各學校得釋放確信，均各開汽車往迎，而同學亦齊至警廳前歡迎，各執「爾忘五月七日乎」小旗一面，迨鐘鳴十下，十三輛汽車魚貫而出，同學齊呼「學生萬歲」、「警察廳萬歲」、「中華民國萬歲」。各校學生各回本校後，各校均開慰勞會，慷慨悲歌，有全體痛哭流涕者，會後並攝影紀念。

　　《被捕學生全體釋放》，《晨報》1919年5月8日，2版

肆　鬧府呼朋大火燃

伍
峻令頻頒寒徹地

伍　峻令頻頒寒徹地

微服出京

5月9日清早，蔡元培校長「受其門生某君之勸告」，微服出京，留「殺君馬者道旁兒」之啟事。有漫畫諷其「明哲自況，清流自居」。圖片選自《益世報》1919年5月21日，10版

微服出京

　　某君：君尚在京耶？曷不辭職出京，獨不聞外間有暗殺大學校長與焚燒大學耶？

　　蔡：語誠聞之，但以為此係反動者恐嚇之語，可不理之也。

　　某君：是不然，政府中有人忌君、恨君、亦怕君，他們以為學生如散沙，君去則彼何能為力，學潮之案，將不了自了，政府亦可不必訊辦。君如不辭不去，則彼將嚴辦學生，一接再厲，必迫君去職而後已，為保全學生生計，為治弭學禍計，均以早辭早去為是。

　　蔡校長默然有頃，回家再思，覺得有理，遂將辭呈送出。九日清早微服出京而「殺君馬者道旁兒」之啟事，亦即刊載。

　　　　梁敬錞：《日本侵略華北史述》，臺北：傳記文學出版社1984年版

伍 峻令頻頒寒徹地

待罪挽蔡

蔡元培出走後,教育界無論學生與教職員,聯合一氣,陳情總統、總長,力挽校長,5月14日,政府不得已發表慰留蔡氏指令。圖片選自《民國日報》1919年5月13日,3版

待罪挽蔡

　　竊此次學生行動，純出至誠，乃本校校長過自引咎，呈請辭職，並已離校赴津。生等聞之，不勝惶恐。謹於本日決議，全體停課待罪，無論何種譴責，甘受無辭。若令校長得留，則生等雖去校之日，猶懷補過之思。否則，非唯貽教育前途以莫大之危險，且恐激起全國輿論之非難。伏乞萬勿允準辭職，以維學校，而平輿情。不勝屏營待命之至。

呈教育總長 1919 年 5 月 9 日

伍　峻令頻頒寒徹地

總長掛冠

自蔡校長出京後，教育總長傅增湘於 5 月 11 日步蔡後塵，不知所往。5 月 15 日，傅掛冠而去。圖為傅增湘像。圖片選自劉北氾，徐啟憲主編：《故宮珍藏人物照片薈萃》，紫禁城出版社 1994 年版

總長掛冠

　　自九日國立大學蔡校長辭職離京後,其他各專門學校如工、法,醫及高師各校長皆相率辭職去校,於是學校方面屬望教育總長挽留各校長之心愈切,而政府方面責備教育總長放縱學生之罪愈苛,於是傅氏乃不可一朝居矣。十四五等日,北京各報宣傳教育總長傅增湘失蹤,或云實在西山某寺中,或云十四日確有人見其自湯山回宅親筆署名於批留蔡校長之指令者……夫以堂堂總長行蹤詭祕若此,蓋其中必有大不得已者焉。十五之夕遂有教育總長傅增湘呈請辭職,傅增湘准免本職之命,而以次長袁希濤暫行代理部務。

　　　　楊亮功:《五四》(中),《傳記文學》第 34 卷第 6 期

伍　峻令頻頒寒徹地

嚴辭申令

5月14日，總統發表挽蔡令，挽曹陸令。同時還發表了兩個命令，一令軍警機關遇有糾眾滋事不服彈壓者，依法逮懲。一令學生毋得干預政治，如有違反，查明斥退。圖片選自《益世報》1919年5月25日，10版

嚴辭申令

近年以來,民智日新,人知愛國,此為吾國文化增進之徵。第愛護國家,則必尊重法律。若勵學之年,質性未定,其始傳聞誤會,亦激於愛國之誠。而弊之所極,乃至破壞秩序,凌蔑法紀而不恤。甚為諸生惜之。……自此次通令之後,京內外各校學生,務各安心向學,毋得干預政治,致妨學業。在京由教育部,在外由省長督同教育廳長,隨時明申誥誡,切實約束。其有不率訓誡,糾眾滋事者,查明斥退。總期成德達材,及時效用。異日敷陳政論,共締謨猷。是固國家無窮之望,其共勉之。

大總統令 1919 年 5 月 14 日

伍　峻令頻頒寒徹地

追悼烈士

5 月 18 日，北京學界假座北河沿法科大學大禮堂，開郭君欽光追悼大會。郭氏本身患有肺病，五四遊行，勞累致死，後學生為激勵人心，將郭氏描述成因憂憤國事嘔血而死。此後全國多地皆有追悼活動。圖為追悼郭欽光時之情景。圖片選自廣角鏡出版社編寫：《五四運動》，香港：華風書局 1989 年版

追悼烈士

　　四日之役，奮袂先行，見當局下逮捕學生之令，憤然大痛，嘔血盈鬥。至法國醫院，已有不起勢。時有告以章宗祥已死者，尚能大笑以答。乃太息曰，國家瀕危，政府猶以獅子搏兔之力，以壓一線垂盡之民氣；日政府待我留學諸君之事，不圖乃見於生斯長斯之祖國，事可知矣。因益嘔血。延至七日，溘然遽逝。

　　　　　《郭欽光君事略》，龔振黃：《青島潮》，上海泰東圖書局1919年版

伍　峻令頻頒寒徹地

憤然罷課

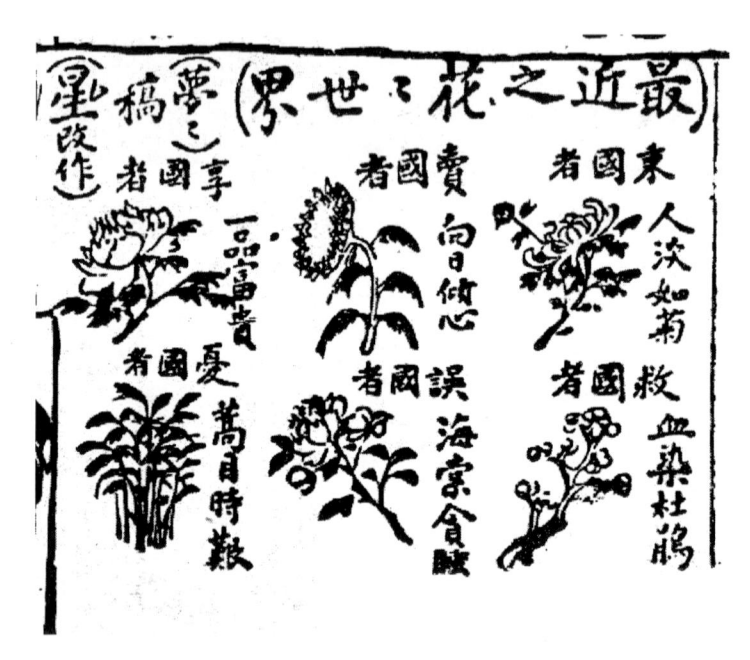

北京各校學生知政府挽留蔡、傅,並無誠意,安福系且圖以胡仁源出長北大,田應璜繼任教長,遂聞而大憤,乃開會決議自十九日起一律罷課。圖為漫畫《最近之花花世界》。圖片選自海上閒人:《上海罷市實錄》,公義社 1919 年

愤然罢课

　　學生忍無可忍，十八日開緊急會議，公決：十九一致罷課，積極進行，務期貫徹初衷而後已。其罷課之宣言書，有三大失望之理由：（一）政府未表示山東問題不簽字之明決態度，且勤於對內，無對外之決心。（二）政府對於國賊極稱許，對於傅蔡諸公則相反，近且有離奇更換之主張，危及教育界之基本。（三）政府對於留東學生之被捕而不問，北京學生之呼號而不顧，反下令禁止學生集會言論及發行印刷品之自由，如臨大敵。是以學生無可再忍，取罷課之手段，作最後之要求及運動，且望全國一致贊助。云云。

　　　　　　　　龔振黃：《青島潮》，上海泰東圖書局 1919 年版

伍　峻令頻頒寒徹地

上書總統

學生罷課，宣言「三大失望」，同時上書徐大總統，提出「六項不解」，徐世昌視民意如浮雲。圖片選自《益世報》1919年6月1日，10版

上書總統

  望我大總統本全國人之公意，對於青島問題，出不簽字之決心，以固國土；懲辦曹汝霖、章宗祥、陸宗輿等，以除國賊；力挽傅蔡諸公回職，打消以田應璜長教育之議，以維教育；徹廢警備學生明令，以重人權；向日政府嚴重抗議，釋被拘學生，重懲日警，以重國權；恢復南北和議，速謀國內統一，以期一致對外。我大總統以國人之心為心，當能鑑此愚忱，俯允所請。

北京學生上徐總統書 1919 年 5 月 19 日

伍　峻令頻頒寒徹地

改任懷慶

5月21日，總統下令以王懷慶代李長泰為步兵統領，欲以王氏「屠夫」之聲名震懾學生。圖為王懷慶像。圖片選自劉北汜，徐啟憲主編：《故宮珍藏人物照片薈萃》，紫禁城出版社1994年版

改任懷慶

　　至五月十三日,當局態度一變,由緩和而強硬,嚴令禁止集會講演。步軍統領改任王懷慶,王為酷吏,清末殺革命黨,有屠戶之稱。令軍警監視各校極嚴,且提獄中盜十餘捆綁赴刑場,故繞道經各校門,以為打草驚蛇計。代表雖鼓其餘勇,常集議地下室,群眾則已痹麻不能振作。

　　熊夢飛:《憶亡友匡互生》,《師大月刊》1933 年第 5 期

伍　峻令頻頒寒徹地

次長疏通

學生宣布罷課後,「為勉作政府後盾、團結團體起見,組織護魯義勇隊、十人團、講演團及《五七日刊》」。5月22日,代理總長職的教育次長袁希濤親赴北京大學,勸學生復課。圖片選自《益世報》1919年5月27日,10版

次長疏通

時至下午三時半，袁次長同各私立校長及警備司令部虞處長同出席於學生聯合會。……次袁次長演說，略謂：「中國教育基礎之危險，萬不可使其再陷於搖動之地位。望學生務以顧全大局保持國家元氣為重，故仍望即日上課。又演說團一層，諸生本為提倡民氣起見，政府對於學生愛國熱忱，極能諒解。唯地面秩序，萬一因此發生問題，則愛國反以害國，尤望即日停止遊行講演，以防危險。」

龔振黃：《青島潮》，上海泰東圖書局 1919 年版

伍　峻令頻頒寒徹地

強令復課

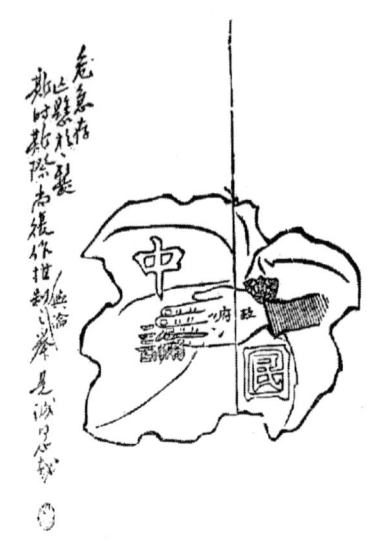

學生與政府各趨極端，無解決方法，而罷課之範圍益擴大。6月25日，徐大總統下令以遏亂萌，教育部亦限令學生三日內上課，學生置之不理。左圖選自 Millard's Review August 23，1919；右圖選自《益世報》1919年5月26日，10版。

強令復課

　　近日京師及外省各處，輒有集眾遊行演說、散布傳單情事。始因青島問題，發為激切言論。繼則群言泛濫，多軼範圍。而不逞之徒，復借端構煽，淆惑人心。於地方治安，關係至巨。值此時局艱屯，國家為重。政府責任所在，對內則應悉心保衛，以期維持公共安寧。對外尤宜先事預防，不使發生意外紛擾。著責成京外該管文武長官，凱切曉諭，嚴密稽察。如再有前項情事，務當悉力制止。其不服制止者，應即依法逮辦，以遏亂萌。京師為首善之區，尤應注重，前已令飭該管長官等認真防弭。著即恪遵辦理。倘奉行不力，或有疏虞，職負攸歸，不能曲為寬假也。此令。

大總統令 1919 年 6 月 25 日

伍　峻令頻頒寒徹地

一味庇曹

6月1日，徐世昌下總統令，其中有為曹陸章辯護。圖片選自《民國日報》1919年6月3日，12版

一味庇曹

　　迨民國四年，發生中日交涉，我政府悉力堅持，至最後通牒，始與訂立新約，於是有交還膠澳之換文。至濟順、高徐借款合約，與青島交涉，截然兩事；該合約規定路線，得以協議變更；又有撤退日軍，撤廢民政署之互換條件；其非認許繼續德國權利，顯然可見。曹汝霖迭任外交財政，陸宗輿、章宗祥等先後任駐日公使，各能盡維持補救之力，案牘具在，無難復按。在國人不明真相，致滋誤會，無足深責。唯值人心浮動，不逞之徒，易於煽惑，自應剴切宣示，俾釋群疑。

大總統令 1919 年 6 月 1 日

伍　峻令頻頒寒徹地

勒令復課

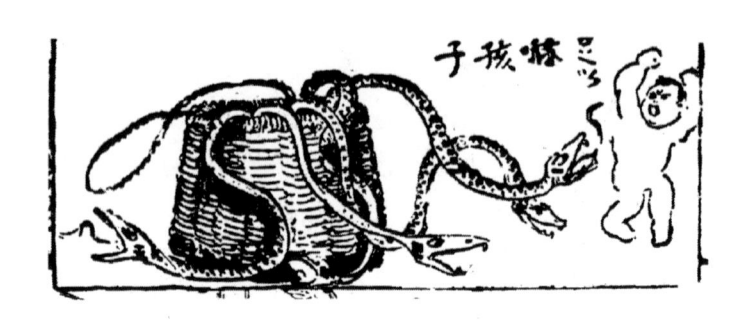

學生對限三日復課的命令視而不見，6月1日，徐世昌嚴令學生「即日一律上課」，以為放出「軍警」的猛虎毒蛇，就能將學生嚇倒，不料反激起更大的波瀾。圖片選自海上閒人：《上海罷市實錄》，公義社 1919 年

勒令復課

　　國家為儲才計，務在範圍曲成，用宏作育。茲以大義正告諸生，於學校則當守規程，於國家則當循法律。學校規程之設，未嘗因人而異。國家法律之設，亦唯依罪科罰，不容枉法徇人。政府雖重愛諸生，何能徇棄法規，以相容隱。諸生勤業有年，不乏洞明律學之士。誠為權衡事理，內返良知，其將何以自解。在京著責成教育部，在外著責成省長暨教育廳，警飭各校職員，約束諸生。即日一律上課，毋得借端曠廢，致荒本業。其聯合會、義勇隊等項名目，尤應切實查禁。糾眾滋事，擾及公安者，仍依前令辦理。政府於諸生期許至重。凡茲再三申諭，固期其有所鑑戒，勉為成材。其各砥礪瀝磨，毋負諄諄告誡之意。

大總統令 1919 年 6 月 1 日

伍　峻令頻頒寒徹地

陸
通國共憤浪滔天

陸　通國共憤浪滔天

一味庇曹

追徐氏頒命之次日，北京學生聯合會議決由 6 月 3 日起，各校學生分三天分批外出演講。圖為「六三」時北京學生在街頭講演之情形。Sidney D.Gamble 攝，圖片選自《三聯生活週刊》2009 年第 36 期

一味庇曹

　　三日上午加倍出發的講演員卻依舊鼓起精神，分途出發。一時北京市上差不多沒有一條胡同沒有立地演講的學生，同時卻也沒有一條胡同沒有干涉演講和逮捕演講學生的警察。被捕的學生初由各地警察押送到各警察分局分所，而那些學生就在各分局分所對著看守的警察演講起來，講演的學生大都「垂淚而道」，而聽講的警察亦大都「掩面而泣！」甚至於有深表同情於學生而大罵那些賣國賊段徐曹章輩的。

　　匡互生：《五四運動紀實及其他》，自由社刊行 1937 年版

陸　通國共憤浪滔天

六三拘捕

6月3日，學生演講之時，軍警加以逮捕，先解到附近的警察分局集合，然後由保安隊武裝兵每兩人夾一個被捕學生解送到北河沿北京大學法科拘留起來。圖為軍警押捕學生，學生邊走邊振臂高呼之情形。圖片選自羅家倫：《逝者如斯集》，臺北：傳記文學出版社1967年版

六三拘捕

　　上海各報館轉各界鈞鑒：今日學生遊行講演，各校之出發者九百餘人，被捕者一百七十八人。北京大學法科已被軍警占住，作為臨時拘留所，拘囚被捕學生於內，校外駐紮兵棚二十，斷絕交通。軍警長官對於學生任意侮辱，手持國旗，軍警奪而毀之，講演校旗，亦被撕擲。……學生等文弱，拘囚搒掠，任彼軍警之所為，一日不死，此志勿奪，殺賊殺敵，願與諸君共勉！北京中等以上學生聯合會叩。肴（三日）

北京學生聯合會通電 1919 年 6 月 3 日

陸　通國共憤浪滔天

誓不反顧

6月4日，學生繼續出動演說，軍警繼續拘捕學生。左圖選自《益世報》1919年6月9日，10版；右圖選自海上閒人：《上海罷市實錄》，公義社1919年

誓不反顧

　　昨日（6月4日）各校學生仍四出講演，被捕者較前此尤多，大約有七八百人之譜。綜合前後，已達千人以上，各講堂遂有人滿之患。乃更拓理科大講堂為補充之地，因之而理科大學昨日亦成為拘留所矣。

……

　　又一消息云，昨日午前十一時北京大學學生講演第九團遊街演說。至哈德門大街，有警察數人，始而勸解，繼而強壓。警察約二十人一排，蜂擁而來。並有步軍統領所屬之兵二名，將聽眾遣散，學生等亦被斥去。至十二時，該學生等又在會門首演說，聽者甚眾，警察呼止不肯，旋有騎兵三十餘名馳至，遂將學生等捕去。

《晨報》1919年6月5日，2版

陸　通國共憤浪滔天

女生請願

6月4日，北京女學生為聲援被捕學生，整隊前往總統府遊行請願，這是北京女學生第一次走上街頭。圖片選自汪榮祖編：《五四研究論文集》，臺北：聯經出版事業公司 1983 年版

女生請願

（四日）下午二時，北京十五女校，在石駙馬大街女子師範學校開北京女學生聯合會，決議對於連日各男校學生被捕事件，請願政府，速行釋放，並請以後對於學生演講，勿加干涉。遂公同擬定請願書，全體攜帶赴公府，面遞徐世昌。三時十五校女生，約六百人，齊集天安門，整隊赴府求見。當由徐世昌派祕書二人，接見女生五代表。該代表等，陳述全體女學生界請願之意思，並將請願書交該祕書轉呈徐氏。祕書答謂，來意即當面陳總統，一星期內自有答覆。女生代表反覆陳述。詞意極為懇摯，聞祕書等亦頗為所動。女生全體於四時許退出公府，各散歸本校。

粵東聞鶴編：《曹汝霖》，華民書坊 1919 年版

陸　通國共慎浪滔天

支帳駐守

由於被捕學生太多，軍警遂以北大法科、理科為監禁場所。圖片選自《傳記文學》1979 年第 34 卷第 5 期

支帳駐守

　　四日晚上天氣忽然大變，大風大雷大雨，竟把一個首善的京城，鬧成了黑暗的世界，塵土大起，飛沙走石之中，看見多少學生，對著路上的行人演說。電光閃閃，隱隱約約之中，看見二十個帳棚，把大學法科團團圍住，這就是北京大學改作學生拘留所的那一天晚上的情形。

　　　　　　　《軍警壓迫中的學生運動》，《每週評論》第 25 號 1919 年 6 月 8 日

陸　通國共憤浪滔天

請撤軍警

6月4日，代理北京大學校務的工科學長溫宗禹和北京各學校校長聯名呈文國務院請撤軍警。圖片選自《民國日報》1919年6月8日，12版

請撤軍警

學生犯法,不能罪及學校。況學校為國家永久作育人才之地,非政府隨意執行刑法之地。今以軍警包圍學校,決非正當辦法,區區一法科不足惜,如教育前途何!如行政司法前途何!始因外交問題牽動學界,復因學界問題累及司法、累及行政,治絲而棼,恐無甚於此者。……尚祈採納微言,迅撤軍警。教育幸甚,國家幸甚。

北京各校長上國務院的呈文 1919 年 6 月 4 日

陸　通國共憤浪滔天

閣議禁捕

6月4日晚，錢能訓召集全體閣員等在私宅籌議學潮善後辦法，決定以傅岳棻代袁希濤，並商請軍警機關盡撤軍警。圖片選自《益世報》1919年6月7日，10版

　　五日的國務會議，商議對付學生的方法。大家都說：「學生行動，尚沒有過於激烈的地方，若是一味的捉拿，越捉越多，恐怕要惹出別省的反響，不如拿平和方法對待為是。」

《軍警壓迫中的學生運動》，《每週評論》1919年6月8日

軍警頓撤

6月5日午後,軍警忽撤,學生不肯出禁,學生聯合會商議決議:(一)質問政府學生有罪否?如果有罪請即懲辦,否則懲辦逮捕學生之人。(二)要求政府懲辦國賊。(三)要求政府許可遊行演說。《借他邪氣,鼓我正義》,圖片選自《民國日報》1919年6月5日,12版

歌(五)日出發講演者共計五千餘人,政府未施逮捕,僅以軍警四面驅逐。歌日午後,防守學生之軍警,忽然全數撤去。然政府自為兒戲,而學生無端被拘,絕不能自行散去,致蹈逃法之咎。唯此次蹂躪教育,破壞司法,侵犯人權,蔑棄人道,種種不法行為……學生等一面質問政府何以處置軍警,一面仍應亟籌應付國仇國賊之道。

學生通電 1919年6月5日

陸　通國共憤浪滔天

上海罷市

北京大舉逮捕學生之警電傳來，遂於五日晨八時許，開始罷市，初尚限於華界之南市及閘北，繼而延及英、法兩租界，至十一時全體一律罷市，銀錢業亦停止營業。左上圖為西捕印捕駕修理電線之有梯汽車，取去各店所懸愛國表示之旗幟的漫畫。圖片選自海上閒人：《上海罷市實錄》，公義社1919年版；左下圖為上海街頭懸掛的愛國標語。注意，其中「寧為救國死，毋作亡國奴」這十個字當是後來書寫上的（一、字竟然出乎竿上，二、其時有風，而字卻平展），或為旁邊所懸標語的文字。另一標語文字為「願我同胞一致力爭，海枯石爛此仇不忘」。圖片選自中國歷史博物館編：《中國近代史參考圖錄》下，上海教育出版社1984年版

上海罷市

北京教育會、總商會、各報館；各省省議會、教育會、商會、各公團、各報館鑒：

北京政府庇護國賊，主簽亡國條約，北京學生為國請命，突被濫捕毒刑至四百餘人之多，高壓毒手，顯非空言所能挽回。此間工商界於本日起一律輟業，與學界一致進行。賣國賊存在一日，商工學界即輟業一日，誓不反顧，乞與應援。上海商學工報聯合會叩。歌。

上海商工學報界緊急會議6月5日電文，吳中弭編纂：《上海罷市救亡史》，上海中華國貨出版社1919年版

陸　通國共憤浪滔天

舉國騷然

學生被捕，舉國騰憤。圖片選自《益世報》，10 版

舉國騷然

  自上海商民全體罷市後，風聲所播，內地各處均接踵而起，如南京、寧波、杭州、蘇州、常州、無錫、松江、揚州、鎮江、蕪湖、安慶、九江、武漢等商業大埠，皆先後罷市。滬寧、杭甬鐵路火車停駛，輪船水手及碼頭工人均罷工，工商咸陷於癱瘓狀態。而北方之天津、濟南，俱相繼罷市。此外如魯、如晉、如陝、如豫，以及浙、贛、粵、閩、川、湘等省，有罷學而未罷市者，有先罷學而後罷市者，有罷學罷市並舉者。南京、武漢、福州且有軍警與學生衝突，毆傷逮捕之事。風潮鼓蕩，震撼全國。

  沈雲龍：《徐世昌評傳》，臺北：傳記文學出版社 1979 年版

陸　通國共憤浪滔天

派員道歉

軍警雖撤，但被拘禁的學生堅守不出，6月7日，嗣經徐世昌、錢能訓先後派遣曾彝進、秦汾前往慰勞，各界攜帶食品饋贈者亦夥，形勢稍趨緩和。圖片選自《益世報》1919年6月19日

派員道歉

　　七日,大總統特派參議曾彝進偕教育部專門、普通兩司長前往道歉,略謂政府對於諸君此次愛國舉動處置失宜無可諱言,今日特派余等代表政府對諸君道歉,願諸君回校休養。又謂諸君此次被拘,在此時間猶能嚴守秩序,有美完之組織,足征諸君學有根基,斯實教育之效果,余等辦教育者觀此亦足自豪。不過尚有一言為諸君進者,夫政府之不良,由於無良好之社會,今諸君反對不良之政府,而不思改造社會亦非計之得也。

　　楊亮功:《五四》(中),《傳記文學》第 34 卷第 6 期

陸　通國共憤浪滔天

學生返校

若長此自封，不出校門一步，實無何等意義，有人提議，與其死守，何如到公府效申包胥七日之哭，於是，「自禁」的學生，決定6月8日返校。圖為「歡迎愛國犯出獄之歌」。圖片選自薔薇園主編訂：《五四歷史演義》，上海讀書生活出版社1937年版

學生返校

　　聞其出發之先,有各校代表多人預來歡迎,彼此相見,悲喜交集,因攝影以為紀念。又有軍樂隊奏樂,臨行時,大眾齊呼萬歲者三:(一)中華民國萬歲。(二)中國學界萬歲。(三)北京大學萬歲。呼畢整隊出發。聞各校舉定總司令一人,指揮一切,沿途秩序井然,且行且呼萬歲,夾道市民亦應聲而呼。其發揚蹈厲之景象,得未曾有。隊中並制有各種旗幟,上有「歡迎被拘同學」等等字樣。

粵東聞鶴編:《曹汝霖》,華民書坊 1919 年版

陸　通國共慎浪滔天

柒

除賊抗霸從民意

柒　除賊抗霸從民意

免曹陸章

北京政府有鑑於事態之嚴重,非接納全民要求無可挽回,始繼釋放被拘學生之後,由徐氏於十日令準交通總長曹汝霖、駐日公使章宗祥、幣制局總裁陸宗輿三人免職。圖為譏曹陸章下臺的漫畫。「半生幽祕,百世家財。油乾蠟盡,乘勢下臺。」圖片選自《益世報》1919年6月16日,10版

免曹陸章

  令下之日，合肥即來團城氣呼呼地說，沒有辭職（按，曹於5月5日提出過辭職），而捏造辭職照準之令，命令亦造謊言，天下尚有公論是非嗎！東海為人敦厚，以前舉動，亦許不是出之他意，這次命令，他尚能辭其責嗎？此次學潮，本已平息，那班破靴黨，以沒有達到目的，又利用街頭演說，鼓動起來，擴大到各處，唯恐天下不亂，東海知而不加制止。尤其對你們，為他冒大不韙，借成日債，這種舉動，真所謂過河拆橋，以後還有何人肯跟他出力？他對我作難竟累及你們，良心何在，豈有此理！說罷不等我答覆，竟悻悻然而去。

  曹汝霖：《曹汝霖一生之回憶》，臺北：傳記文學出版社 1970年版

柒　除賊抗霸從民意

東海請辭

徐世昌以歐洲和會及南北和議問題，俱感棘手，遂於 10 日晚咨行國會參、眾兩院辭職，11 日下午眾院開會，多數皆以將咨文退還為妥，散會之後，遂由李盛鐸、王揖唐同車赴公府退回咨文並極力慰留，同時又發出通電一道。圖為徐世昌像。圖片選自張筱強，劉德喜，李繼鋒等：《圖片中國百年史》上，山東畫報出版社 1994 年版

東海請辭

　　本日大總統咨送蓋用大總統印文一件到院，聲明辭職。查現行約法，行政之組織，係責任內閣制，一切外交內政，由國務院負其責任，大總統無引咎辭職之規定。且來文未經國務總理副署，在法律上不生效力。當由盛鐸、揖唐即日恭齎繳還，籲請大總統照常任職。恐有訛傳，馳電奉聞，敬希鑑察！參議院議長李盛鐸，眾議院議長王揖唐。

　　　　《東海辭職之波瀾》，《申報》1919 年 6 月 14 日，7 版

柒　除賊抗霸從民意

獨秀被捕

6月11日晚,陳獨秀來到新世界遊藝場樓頂,拋撒發他起草的《北京市民宣言》,宣言提出五項「最後最低之要求」,並稱「倘政府不顧和平,不完全聽從市民之希望,我等學生商人勞工軍人等,唯有直接行動,以圖根本之改造。」隨後陳被捕。圖為新世界舊址。圖片選自彭明:《五四運動史》,人民出版社1984年版

獨秀被捕

　　世界文明發源地有二：一是科學實驗室，一是監獄。我們青年要立志出了研究室就入監獄，出了監獄就入研究室。這才是人生最高尚優美的生活。從這兩處發生的文明，才是真文明，才是有生命有價值的文明。

　　陳獨秀：《研究室與監獄》，《每週評論》1919 年 6 月 8 日

柒　除賊抗霸從民意

次第開市

6月12日，確知曹陸章免職令下之後，上海次第開市。圖為開市日店鋪懸誌慶之情形。圖片選自《東方雜誌》第16卷第7期

次第開市

　　（十二號）八時後，（江蘇交涉員楊小川等）各乘汽車，由該會（北市總商會）出發，至河南路（大馬路）下車，挨戶敲門，勸人開市，應者僅有少數。其餘各商店（按，原文如此）遂於九時假後馬路前紅十字會之舊址，開會討論開市問題。經某君說明命令決難偽造，遂公決即日啟市，唯必須學生聯合會有人到場，方可開市。乃由學生會會長何葆仁、彭昕、狄侃，某學校代表李平、瞿允之諸人，會同鄒靜齋、曹慕管、郭建候、袁履登，交涉公署外交科長陳震東、上海縣熊警佐，擇其未開者，前往勸說，請其開門。於是次第啟門應市。華界及美法各界，亦均次第開市。不數時，全埠已恢復原狀矣。

海上閒人：《上海罷市實錄》，公義社 1919 年版

柒　除賊抗霸從民意

總理引退

曹、陸、章免職令下之翌日，國務總理兼內務總長錢能訓即引咎辭職，13日，辭職令得以批准。圖為錢能訓像。圖片選自劉北汜、徐啟憲主編：《故宮珍藏人物照片薈萃》，紫禁城出版社1994年版

總理引退

六月十三日大總統令

國務總理兼內務總長錢能訓迭呈辭職,情詞懇摯,錢能訓准免本職,此令。又令,特任龔心湛暫兼代理國務總理。此令。

《申報》1919年6月15日,4版

柒　除賊抗霸從民意

簽還不簽

巴黎和會雖犧牲中國利益，但拒絕簽字同時就放棄應得利益及保障，因此，政府主張「毅然全約簽字」，然國內輿論，一致堅拒簽字，政府左右為難。圖片選自《益世報》1919 年 7 月 4 日，10 版

簽還不簽

歐會成立以來，經過詳情，業經咨達國會在案。原擬原約簽字，唯提出關於膠澳各條，聲明保留此項，原屬不得已辦法。但體察現情，保留一層，已難辦到，於日、德間應有效力，並不變更，而日人於交還一舉，轉可借端變計，是否與我有利，此中尚待考量。若因保留不能辦到，而並不簽字，不特日、德關係不受牽制，而吾國對於草約全案，先已明示放棄，一切有利條件及國際地位，均有妨礙，故為兩害從輕之計，仍以簽字為宜。

徐世昌辭職咨文，1919 年 6 月 11 日，
《申報》1919 年 6 月 14 日，7 版

柒　除賊抗霸從民意

全國學聯

6月16日下午二時,各省各埠學生代表假座大旅館六層樓開全國學生聯合會成立大會,翌日,致電北京政府誓不承認和約簽字。圖為全國學聯成立全國學生代表攝影。圖片選自張海鵬:《簡明中國近代史圖集》,長城出版社1984年版

（六月十六日）三時振鈴開會。（一）由段錫朋主席演說。（二）由各生唱歌。（三）請全場人士向國旗三磬折。（四）唐炳波英文演說，語調甚流暢。（五）黃任之代表教育界演說。（六）西賓蘭金君演說。（七）蔣夢麟答詞。（八）西賓克樂福演說。（九）商界代表盧煒昌等二人相繼演說。（十）工界代表求新廠吳琢之等二人連續起言。（十一）邵仲輝君代表報界致詞。（十二）何葆仁演說。（十三）許德珩演說。（十四）主席致謝詞，請各進茶點，乃偕至屋頂天韻樓下攝兩影為紀念。時正下午五時三十分云。

節自《全國學生聯合會成立紀事》，
《申報》1919 年 6 月 17 日，11 版

柒　除賊抗霸從民意

魯人請願

> 簽字
>
> 大總統鈞座敬呈者竊見魯代表等又因簽字問題環集新華門求見同時上海開又有拒絕簽字之舉動外交事秘政府負責理宜靜候以策萬全惟是民氣之激烈由於黨爭之挑動既而之後不可復靜補救之方惟有利導民國以民為主體為今日號召者之恆言全國既拒絕
>
> 鈞座慨可表示不簽以釣其求一面電徵各督意見并交院議再行決定將來外患國民應同負責屆時即使束手無策鈞座亦可告無罪於國民而此時之內閧亦可暫息前清以鐵路致亡國有元年鐵路國有民無異議堂堂民為主利在民哉無挑動之者民氣自平耳建候不隸黨派濫竽開曹向不越俎言事惟

6月20日，山東各界公舉代表到京向總統府呈遞拒簽和約、廢除順濟、高徐鐵路草約、嚴懲國賊的請願書。27日，國務院二次批文，民眾始滿意而歸。圖為統計局幫辦徐建候就魯民請願建議徐世昌以順民意而免其責函（部分）。圖片選自林開明，陳瑞芳等編：《天津市歷史博物館藏北洋軍閥史料·徐世昌卷》9，天津古籍出版社1996年版

魯人請願

該代表等關懷桑梓,注重國權,所述特為痛切。此次歐會和約,政府以關於山東問題各條,最為重要,迭經電飭專使,悉力爭持。近據專使等電述保留一節,尚在多方進行。所有各代表等陳請不能保留即拒絕簽字等情,昨亦電達專使遵照在案。國家領土主權,斷難絲毫放棄,政府與國民主張,初無二致,無論如何,必將膠澳設法收回,此則夙具決心,可為國民正告者也。所稱高徐、順濟路約一節,查該路原係草約,自必多方磋議,力圖收回,斷不續訂正約,以慰群望。至中日二十一條密約,及高徐、順濟路約經過情形,案牘具在,前經擇要宣布。共和國家,一切措施,悉當準諸法律,必有確實證據,乃受法律制裁。

國務院批書,《東方雜誌》第 16 卷第 18 號

柒　除賊抗霸從民意

緊急宣言

6月24日，全國學生聯合會為報載北京政府已電令代表簽字發表緊急宣言。圖片選自《益世報》1919年7月20日，10版

緊急宣言

嗟呼！國者，我四萬萬同胞公共之國也，與鄰國締結約，須得代表我四萬萬同胞之民意機關之同意也。我國而淪於亡，置全國民意於不顧，我四萬萬同胞所不能承認也。風雨驟矣！禍患亟矣！一髮千鈞，危險萬狀，我四萬萬同胞亟起圖之！

《民國日報》1919 年 6 月 25 日，10 版

柒　除賊抗霸從民意

各界請願

巴黎和約簽訂前一日，6月27日，京、津學界各團體聯合留日歸國學生亦公推代表五百餘人，前往總統府請願。圖為總統府前請願場景。圖片選自班鵬志：《接收青島紀念寫真》，商務印書館1924年版

各界請願

（6月27日）北京各團體公舉代表五百餘人，排隊舉旗，進總統府請願。另備公呈要求三款：（一）不保留山東，則和約絕不簽字，（二）決定廢除高徐順濟兩路草約，（三）立即恢復南北和會。當由代理總理龔心湛、教育次長傅岳棻接見，各代表因未見總統，全體在新華門外露宿。次日始由徐總統傳見，並即由國務院發出批令。略謂所陳三事，政府具有決心，亟應竭力進行以慰眾望，艱難困苦，當與國人共之云云。

《東方雜誌》第 16 卷第 18 號

柒　除賊抗霸從民意

玉帥通電

駐守衡陽之吳佩孚通電全國主張拒簽和約。圖為吳佩孚像。

玉帥通電

某等眷懷祖國,義憤填胸,痛禹甸之沉淪,憫華冑之奴隸,聖賢桑梓,染成異族腥羶;齊魯封疆,遍來淫娃木屐;雖虺蛇已具吞象之野心,而南北尚知同仇以敵愾。與其一日縱敵,不若鋌而走險。與其強制簽字,貽羞萬國;毋寧悉索敝賦,背城借一。軍人衛國,責無旁貸,共作後盾,願效前驅。彼果實逼處此,我軍人即應為困獸之鬥也。唯懇我政府以民意為從違,以軍心為依據,堅持到底,萬勿簽字。

《吳佩孚痛駁簽字通電》,《民國日報》1919年6月28日,2版

柒　除賊抗霸從民意

詭異電諭

6月28日，中國代表拒簽對德和約。至此，五四運動所追求的「內除國賊，外爭主權」兩項任務完全達成。圖片選自《益世報》1919年6月30日，10版

詭異電諭

　　直到六月二十八日下午，中國代表已經拒絕出席和會全體會議之時，代表團從未收到北京關於拒簽的任何指示。就任新內閣外交總長的陸徵祥覺得如此重大事件不應由他個人決策，請總統和總理就簽字一事給予明確訓令。但北京政府卻電諭陸總長自行決定。六月二十六日或是二十七日，陸總長再次電請北京給予特別訓令。由於代表團所接訓令一直為「簽字」，所以陸為加強自身地位計，呈請北京務必作出拒簽決策。到二十七日下午，事情已經一清二楚，甚至「將保留附於約後」也已注定無望。經將有關情況再次電呈北京，說明此種情勢之下只有拒簽為宜，望政府重新指示。發出此電之後，我們接到北京覆電稱，北京早些時候曾有電諭，而奇怪的是巴黎何故不曾收到。這一電報實際上是指令代表拒絕簽字。電報於六月二十八日下午到達，我想是三點鐘左右，那已在和會最後會議結束之後了。到那時候還來了電報，實可驚異。

顧維鈞遺稿：《巴黎和會的歷史真相》下，
《傳記文學》第75卷第2期

柒　除賊抗霸從民意

終戰布告

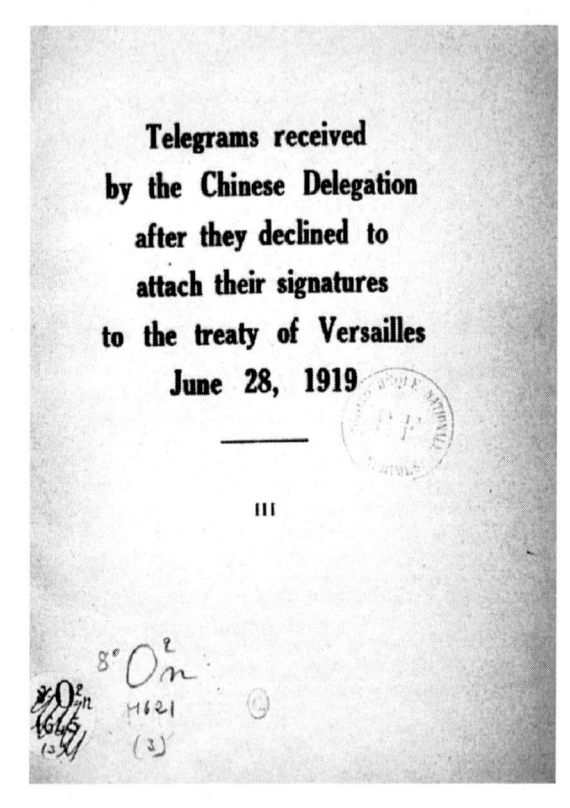

> Telegrams received
> by the Chinese Delegation
> after they declined to
> attach their signatures
> to the treaty of Versailles
> June 28, 1919
>
> III

由於中國拒簽德約，中德戰事狀態，法律上可認為繼續有效，隨後中國發表中德戰事告終布告。圖為中國拒簽後代表團收到的支持性電文。圖片選自法國國家圖書館（Bibliothèque nationale de France），陳占彪攝

終戰布告

　　我中華民國於六年八月十四日,宣告對德國立於戰爭地位。主旨在乎擁護公法,維持人道,阻遏戰禍,促進和平。自加入戰團以來,一切均與協約各國取同一之態度。現在歐戰告終,對德和約業經協約各國全權委員於本年六月二十八日在巴黎簽字。各國對德戰事狀態,即於是日告終。我國因約內關於山東三款未能贊同,故拒絕簽字。但其餘各款,我國固與協約國始終一致承認。協約各國對德戰事狀態既已終了,我國為協約國之一,對德地位當然相同。茲經提交國會議決,應即宣告我中華民國對於德國戰事狀態,一律終止。凡我有眾,咸使聞知。特此布告。

大總統布告 1919 年 9 月 15 日

柒 除賊抗霸從民意

汝霖謝恩

大總統鈞座敬呈者竊以家母生辰渥荷
榮頒珍品
五光十色
施文綺以章身七月初秋緗
薰弦之解慍
碧果出上蘭之種芳比賜櫻
紅綾是仙傳所儲罄同剡棗凡此
之蔦心比間雲常切藿葵之向專呈
敬謝伏維
鈞鑒 曹汝霖謹呈

罷免「三賊」實非政府意願,爾後,徐世昌為曹汝霖母壽頒禮。圖為 1919 年 7 月,曹汝霖為家母生辰渥荷榮頒珍品致徐世昌函首末兩頁。圖片選自林開明,陳瑞芳等編:《天津市歷史博物館藏北洋軍閥史料·徐世昌卷》9,天津古籍出版社,1996 年版

汝霖謝恩

　　我住團城數天后,東海忽傍晚駕一葉扁舟,由北海登城而上。我適在沁春亭,他直入亭中,時已夕陽西下,清風徐來,他說這裡很涼快。又下亭同到前院,經過玉佛殿,說玉佛還是暹羅進貢的。見古桫數十株,他說這俗名白皮松,只有北方有,團城特別多。且走且說,我留一小舟,在城下北海,可駕游北海。北海魚種很多,亦可垂釣消遣。又問你帶書本來沒有?答沒有。他說,可送些書來,供你解悶,你有所需,打電話給祕書廳好了。走到北海邊,即乘小舟而去。他談笑如常,對學生事,一字不提,避開現實,真老於世故者也。

　　　　曹汝霖:《曹汝霖一生之回憶》,臺北:傳記文學出版社1970年版

柒　除賊抗霸從民意

終止罷課

為國勿廢力學，力學勿忘為國。7月22日，學生發表終止罷課之宣言。圖片選自《益世報》1919年6月12日，10版

終止罷課

　　特吾人此舉，本屬為國，而為國要圖，尤在力學。為國勿廢力學，力學勿忘為國，二者相成，斯為上策，若竟逐末捨本，則學事久荒，國風凌替，自誤誤國，又何取焉。今國民之期望彌殷，宿耆之責難備至，長此因仍，何以自解。特敬謹宣言，自今終止罷課。

　　　　《學生終止罷課之宣言》，1919 年 7 月 22 日

柒　除賊抗霸從民意

專研學術

1919 年 8 月，蔡元培發表《告北京大學學生暨全國學生書》，呼籲學生脫身政治問題，恢復原狀，專研學術。左圖任北大校長時的蔡元培像。圖片選自孫常煒編：《蔡元培先生全集》，臺北：臺灣商務印書館股份有限公司 1968 年版，右圖為《蔡校長告本校學生暨全國學生書》，圖片選自《北京大學日刊》1919 年 7 月 23 日，4 版

專研學術

　　諸君以環境之適宜,而有受教育之機會,且有研究純粹科學之機會,所以樹吾國新文化之基礎,而參加於世界學術之林者,皆將有賴於諸君。諸君之責任何等重大!今乃為參加大多數國民政治運動之故,而絕對犧牲之乎?抑諸君或以喚醒同胞之任務,尚未可認為完成,不能不再為若干日之經營,此亦非無理由。然以僕所觀察,一時之喚醒,技止此矣,無可復加。若令為永久之覺醒,則非有以擴充其知識,高尚其志趣,純潔其品性,必難幸致。

　　蔡元培:《蔡校長告本校學生暨全國學生書》,《北京大學日刊》1919年7月23日,4版

柒　除賊抗霸從民意

宗祥歐遊

1919年12月，章宗祥為出洋考察致函吳笈孫請代陳徐世昌援例由財政部酌撥旅費。圖為此信函的首末兩頁。圖片選自林開明，陳瑞芳等編：《天津市歷史博物館藏北洋軍閥史料・徐世昌卷》9，天津古籍出版社，1996年版

祥意在以個人資格考察大戰後之政治社會情形，冀得目擊最新各種問題為國家貢獻，一面並藉以療養病軀，頗欲私費周遊，而各國物價昂騰，同行尚須侶伴為力，實虞未及，知蒙相愛，用敢瀆陳。

《章宗祥為出洋考察請代陳徐世昌援例由財政部酌撥旅費致吳笈孫函》1919年12月19日

捌

五四功成萬古傳

捌　五四功成萬古傳

民族覺醒

圖片選自《益世報》1919 年 4 月 3 日，10 版

民族覺醒

　　五四運動是大戰後中華民族自求解放鬥爭的第一個雄偉的巨浪，是千百萬人民反對日本帝國主義的民族覺醒的勃起，是中國最後二十年來壯烈的反抗日寇侵略的神聖鬥爭的發軔。五四運動繼承著太平天國、黃花崗烈士、辛亥革命的燦爛的革命傳統，而把鬥爭的銳鋒直指著處心積慮欲求滅亡我民族的日本帝國主義強盜。

　　新華日報社：《紀念五四》，《新華日報》1938 年 5 月 4 日，1 版

捌　五四功成萬古傳

侵略國策

Asiatic Monroe Doctrine.

日本自明治維新以來，侵略大陸即為其根本國策。《日中則昃，腹滿則裂》，圖片選自《上海潑克》

侵略國策

　　吾人就歷史的事實，認定日本擴張其政治經濟⋯⋯為日本之傳統的政策。而達此目的之方法，則唯武力及政治壓迫是賴⋯⋯五十年前，標榜開國進取而起之維新志士，亦無不以侵略大陸為根本政策。大木氏日俄聯盟瓜分中國，西鄉氏征韓以窺大陸之謀，實為代表。故侵略大陸者，日本之傳統的政策，一切對華方針之基礎也。中國國家及國民之利害，與日本不能兩存之原，蓋在乎此。

　　　　《張繼何天烱戴傳賢告日本國民書》1919 年 5 月 8 日

捌　五四功成萬古傳

為何仇你

圖片選自《益世報》1919 年 5 月 28 日，10 版

為何仇你

你們想想,為什麼要受中國人的仇視呢?為什麼中國人要仇視你們呢?最遠的原因,是甲午的一仗,你們日本的軍閥,把中國打敗了,弄得中國人臥薪嘗膽的切齒痛恨,最近的原因,就是你們的軍閥,勾通中國的軍閥,訂了許多條約,如今又硬要把中國的青島占據,做你們的軍閥擄獲品。中國弱到極點了,你們的軍閥,都天天來欺凌侵伐,那也怪不得我們要仇視你們。

舍我:《中日真正的親善》,《每週評論》1919年5月18日

捌　五四功成萬古傳

奮起自圖

圖片選自《益世報》1919 年 5 月 11 日，10 版

奮起自圖

現在日本在萬國和會要求併吞青島,管理山東一切權利,就要成功了!他們的外交大勝利了!我們的外交大失敗了!山東大勢一去,就是破壞中國的領土!中國的領土破壞,中國就亡了!所以我們學界今天排隊到各公使館去要求各國出來維持公理,務望全國工商各界,一律起來設法開國民大會,外爭主權,內除國賊,中國存亡,就在此一舉了!

今與全國同胞立兩個信條道:

中國的土地可以征服而不可以斷送!

中國的人民可以殺戮而不可以低頭!

國亡了!同胞起來呀!

《北京全體學界通告》1919 年 5 月 4 日

捌　五四功成萬古傳

我死國生

圖片選自《益世報》1919 年 4 月 3 日，10 版

我死國生

（章宗祥堂弟十二歲的章宗傳）自述其志如下：立志表，又名章宗傳之座右銘；進忠良而棄奸佞，滅日本而興祖國，棄我身而致力國家，是我之志也。我身體弱而不能為將，雖然，我亦必死而後已也。夫關壯穆、岳武穆之志，亦唯此數字耳，唯能行之耳。章宗傳必行此數言，汝毋為奸臣，汝亦毋忘此數言。中華民國八年十一月十三日即陰曆九月廿一日，時年十二歲。

沈宗瀚：《沈宗瀚自述》，臺北：傳記文學出版社 1984 年版

捌　五四功成萬古傳

與汝偕亡

憤氣蓬勃。圖片選自《益世報》1919 年 4 月 3 日，10 版

與汝偕亡

　　吾中國抑又非朝鮮之比,貴國而誠欲滅吾中國也,則請先準備絕大之犧牲,以為滅人國之代價。吾中國國民亦豈能拱手聽命,任人絕滅,起而反抗,固意中事,爾時貴國國民所蒙之犧牲又何苦。吾國人口四萬萬,貴國五千萬,吾以八人與貴國一人拚命,則吾中國滅絕之日,亦即貴國同歸於盡之日。貴國國民究為何求,而欲與吾中國國民以死相搏,造此同盡之惡果哉。

　　《北京學生告日本國民書》,篁盫編:《學界風潮紀》,中華書局1919年版

捌　五四功成萬古傳

扼其頸項

以「抵制日貨」之手扼住日本的脖子。圖為但杜宇漫畫《貪食小犬死不足惜》。圖片選自《國恥畫譜》，民權報社出版部 1919 年

扼其頸項

勸同胞,莫徬徨,急急起,拼一場。青島要失,山東將要亡,若是山東亡,仇人派兵來駐防。那時節我們便成高麗樣,什麼男和女任他去賊戕,什麼金和銀裝在囊,我們只有哭一場,好不悲傷。我的同胞呀!我的同胞呀!只要國家強,我們便脫殃。如何不熱心,如何不猛省,勸同胞切莫作五分的血性,雖然我們無大力,我們無大強,只要人人都齊心,只要人人買國貨,利權不失於仇人,仇人國小生計難,商務失敗心膽寒,那政府再交涉,青島看他還不還!

武漢學生 6 月 1 日遊行之傳單,《學生遊行演講之熱潮》,《漢口新聞報》1919 年 6 月 4 日

捌　五四功成萬古傳

抵制日貨

左圖為上海市民拆除日本仁丹廣告牌的情形。圖片選自中國歷史博物館編：《中國近代史參考圖錄》下，上海教育出版社 1984 年版，右圖選自《益世報》1919 年 6 月 24 日，10 版

　　上海南北市商家，憤北京政府之拘捕學生，感上海學生之痛切勸告，遂於昨日一律罷市。並有於門上黏衹，大書「學生一日不釋，本店一日不開」者；亦有書「坐守待斃」者。城內有數家不肯閉門，學生見之，乃長跪而泣，店主卒為感動。

海上閒人：《上海罷市實錄》，公義社 1919 年版

焚毀仇貨

圖為5月9日,清華大學舉行國恥紀念大會後,學生在操場上焚燒日貨。圖片選自中國歷史博物館編:《中國近代史參考圖錄》下,上海教育出版社1984年版

捌　五四功成萬古傳

　　學生聯合會之提倡國貨，抵制日貨，進行最力。連日借講演團之鼓吹，大著成效。又派出代表，與商界接洽，籌備堅持方法。首由北京大學發起學生消費社，將所購儲之日貨，議決於十三日正午在北京大學文科大操場實行焚毀，並由各科學生中推舉監視員共二十餘人，到場監視。已出數千言之宣言書，印刷多張，除派人出外遍行分散，並於焚燒日貨之頃，當場向大眾演讀。

龔振黃：《青島潮》，上海泰東圖書局 1919 年版

鼓吹國貨

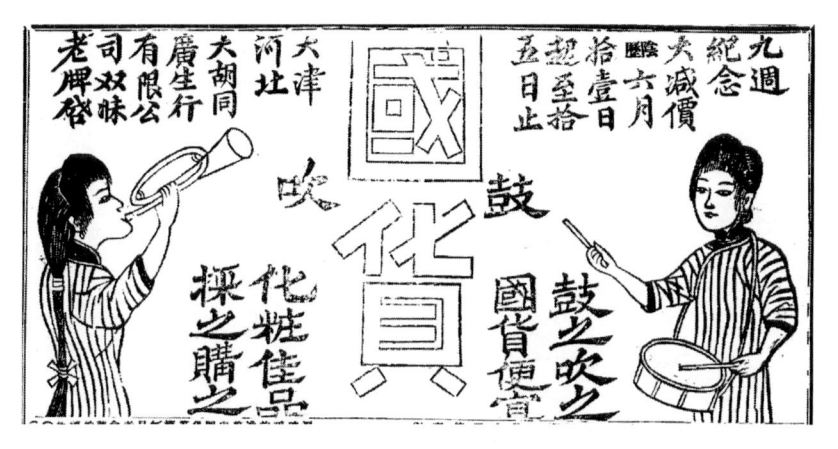

圖為「雙妹牌」化妝品廣告。《益世報》1919年7月9日，6版

　　從今天起，你若是中國的人，你的血若是熱的，你的良心若是在的，都要買我們本國的貨。若是還不買國貨，你就不算是中國人，你就不算是有良心的熱血國民了。我們愛國的同胞呀！要曉得提倡國貨，就是我們救國的一個頂好法子，也就是我們一般國民應盡的天職。

　　　　武漢學生5月18日遊行傳單，《大漢報》1919年5月20日

捌　五四功成萬古傳

販賣國貨

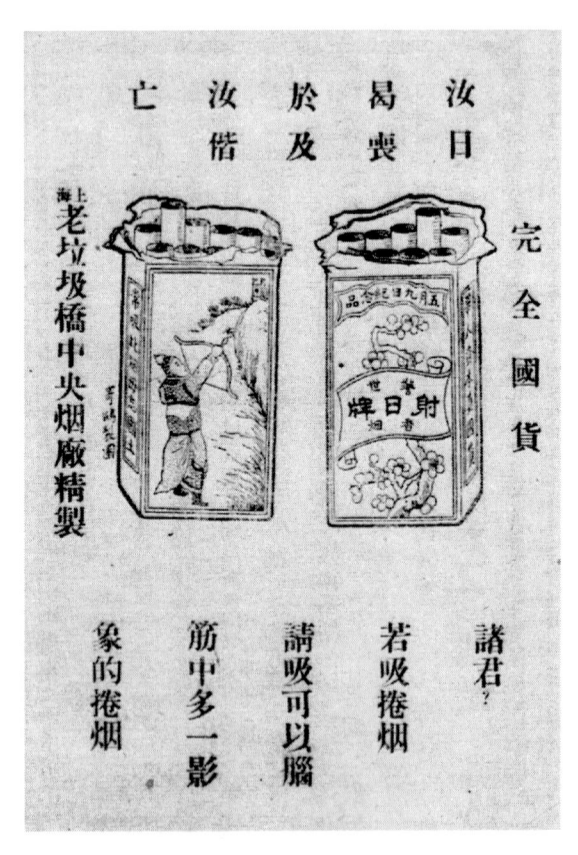

圖為「射日牌」香菸廣告。圖片選自《黑潮》1919 年 8 月號創刊號

販賣國貨

　　自《五七》日報封禁之後，公園市場裡邊就沒有賣東西的學生。過了兩天，又有許多學生手拿布袋，有的寫「國貨」兩個字，有的寫「提倡國貨」四個字。每到茶桌前面，先向遊人鞠躬，發一種極和藹的話勸人買貨。所賣的貨物不外牙粉、肥皂、手巾、香水、紙菸之類，也有賣《國民》雜誌和《國體與青年》的。遊客之中，十個人總有八個人買的，照他們說，賣出去的錢專做學校聯合會費用。

　　　　《軍警壓迫中的學生運動》，《每週評論》1919 年 6 月 8 日

捌　五四功成萬古傳

堅忍勿懈

圖片選自《益世報》1919年5月6日10版

堅忍勿懈

　　你看近日日本的商人,因為受了我們抵制日貨的影響,打電報告訴日本政府,請他如何處置。你道他的回電,說個什麼,聽見了真正要氣死。他說你們商人,不要著急,盡可休息休息,中國五分鐘的熱度,至多只有三個月。在這三月中的損失,政府可以賠償你們的。少安毋躁,等到三月,然後生意還要比以前好得多哩。諸位聽這話,你道可恥不可恥。我派報同人,這回兒湊了錢,印這傳單,就是要請同胞看了,終要長久抵制,永遠記牢,誓云這五分鐘熱度的恥。要做到五分、五十分、五百分、五千分、五萬分,還不止。這就是我們的本旨。

　　　　　　　　　海上閒人:《上海罷市實錄》,公義社 1919 年版

捌　五四功成萬古傳

青島交還

1922年2月4日,中日在華盛頓會議期間簽署了《中日解決山東懸案條約》,確定日本交還青島於中國。6月2日,中日換約。圖為12月10日午,膠澳商埠督辦公署樓頂換掛中國國旗時,中國警察行禮情形。圖片選自班鵬志《接收青島紀念寫真》,商務印書館1924年版

青島交還

　　為呈報中日解決山東懸案條約互換竣事，仰祈鈞鑑事：竊於民國十一年六月一日奉總統委任狀開，中日解決山東懸案條約業經批准，茲委任外交次長沈瑞麟為全權，與日本國全權將批准約本彼此互換此狀等因。奉此，遵即約定日本全權委員駐京公使小幡酉吉於六月二日下午四時來部，將所奉全權委任狀彼此閱看，均屬合例。當將兩國批准約本彼此校對無訛，繕立文憑，隨即互換訖。除將約本照案交部收藏外，所有中日解決山東懸案條約互換竣事緣由，理合呈報大總統鑑核備案。

沈瑞麟呈文 1922 年 6 月 3 日

捌　五四功成萬古傳

五四幹部

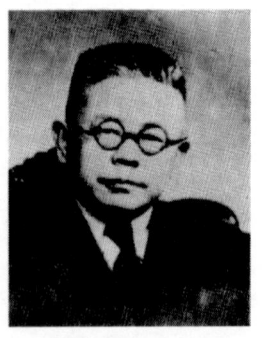

圖為日後站在國民黨陣營的五四運動三位學生領袖。上為段錫朋，下右傅斯年，下左為羅家倫。圖片選自《傳記文學》1979 年第 34 卷第 5 期

五四幹部

　　總理對於這個趨勢,是感覺最敏銳,而把握得最快的人。他對於參加五四的青年,是以充分的注意,而以最大的熱忱去吸收的。他在上海見北京學生代表,每次總談到三四點鐘,而且愈談愈有精神,這是我親見親歷的事實。所以民國十三年中國國民黨改組前後,從五四運動裡吸收的幹部最多,造成國民革命一個新局勢。不但在政治方面如此,在軍事方面也是如此。

　　羅家倫:《從近事回看當年》,《世界學生》1942 年第 1 卷第 6 期

捌　五四功成萬古傳

精神長存

周令釗：《五四運動》，圖片來自《人民畫報》第三卷第一期（1951年7月）

精神長存

　　這不同的地方,就是五四運動特有的精神。這種精神就是:(一)直接行動;(二)犧牲精神。直接行動。就是人民對於社會國家的黑暗,由人民直接行動,加以制裁,不訴諸法律,不利用特殊勢力,不依賴代表。因為法律是強權的護持,特殊勢力是民權的仇敵,代議員是欺騙者,絕不能代表公眾的意見。……中國人最大的病根,是人人都想用很小的努力犧牲,得很大的效果。這病不改,中國永遠沒有希望。社會上對於五四運動,與以前的愛國運動的感想不同,也是因為有無犧牲的精神的緣故。

　　陳獨秀:《五四運動的精神是什麼? —— 在中國公學第二次演講會上的講演》(1920年4月22日),陳獨秀:《陳獨秀文集》第2卷,人民出版社2013年版,第8-9頁

捌　五四功成萬古傳

附錄　匡互生：五四運動紀實

一、緒論

　　從民國八年五月四日北京學生因舉行一次示威運動，把當時大家稱作賣國賊的曹汝霖的住宅燒毀，章宗祥的頭顱打破。引起了一班盲目盲心的國人的注意以來，「五四運動」四個字，差不多做了一班號稱智識階級的人六個足年到處談笑的資料。敘述和批評五四運動的講演和文章，在各種書報雜誌上也不知道披露多少篇了，仿效五四運動而起的運動也不知道有多少次了。然而五四運動的由來和真相究竟怎樣，各書報雜誌所披露的文章究竟有敘述的不錯，批評得適當麼，仿效五四運動而起的運動的精神和價值究竟和五四運動的精神和價值相等麼，據我所看見所知道的說起來，敘述和批評五四運動的文章，實在沒有一篇道著真確的地方。相繼而起的各種群眾運動，也實在沒有一次和五四運動同樣具有那麼重要的歷史上的價值的。別的文章不必說了，單就去年五四紀念各報所發表關於五四運動的文章來講，有些做文章的人竟把民國八年的事實看做民國九年的事實，（如《民國日報》的「覺悟」），有的把北京各校學

附錄　匡互生：五四運動紀實

生共同的舉動認作北京大學學生所獨有的舉動，（如《時事新報》）。這樣記事荒謬，觀察錯誤的人還能夠瞭解五四運動的真精神麼？尤其令人可惡的就是年來自命五四運動的中堅和自命為時代的新人物的人們，到處想把「五四運動」一個空名詞來欺騙他人，驅策群眾，以致五四運動的精神完全喪失，而五四運動一個名詞也就差不多要為「舉世詬病」了。我對於五四運動雖然沒有盡過多大的力量，不過也曾「躬逢其盛」，對於這次運動的由來和真相比較地明了一點。本來因為這次運動已成了過去的事實，不願意把這事的由來和真相向人們道及，但眼見年來一班盲目衝動和胡說八道的人太多了，革命的精神也漸滅殆盡了，國民性的弱點也一天一天地顯得更加厲害了，耐不過恐懼悲傷，只好先將五四運動的由來和真相述點大概，然後再把我從這次運動以來所看出的中國國民性的弱點一一指摘出來，以供研究教育和同情革命的人們唱進行曲的時候的一種參考。

二、五四運動的起因

現在我要說的就是：（一）五四運動的起因，（二）五四運動的真相。什麼是五四運動的起因？我可以就我所知道的分別說出來：

二、五四運動的起因

(一) 新書報的出版

在五四運動以前,北京方面有公開地流行和祕密地流行的兩種新出版物。關乎前者,有《新青年》、《每週評論》一類作代表;關乎後者有《自由錄》、《民聲》、《進化》雜誌一類作代表。前者重在批評中國舊有的惡文化,範圍有限,後者卻重在剷除一切人類的桎梏,目光較遠。並且公開的文章刺激性比較的弱,祕密的文章刺激性比較的強。所以使人感印很深並且發生極大的影響的,還是那些祕密流行的出版物。有了這些帶強烈刺激性的出版物作晨鐘暮鼓,一向消沉的青年,也就不能不從睡夢中驚醒,思想的解放自是當然的結果了。

(二) 事實的壓迫

講到這個問題,我們就不可不從這次運動的背景加以精密記憶了。在這次運動未發生以前,中國一班青年所感覺最不安的有幾件事實:第一,就是袁世凱因為要求虎狼似的日本對於他作皇帝的計畫予以援助所換來的與這次運動有直接關係,而又為一班人認為中國致命之傷的「二十一條」;第二,就是繼討袁戰爭、復辟戰爭而起而又連年不得解決的南北戰爭;第三,就是參戰時候與日本所訂損害中國主權的軍事協定;第四,就是被一班人所猜想與中國的生死存亡有重要關係而且與人類社會的變化有重大影響的歐洲大戰;第五,就是受軍閥操縱而又

附錄　匡互生：五四運動紀實

無惡不作的安福系。處在這樣一種「災害並至」、「險象環生」的境地當中，怎得不令人慄慄恐懼？由恐懼而悲憤，由悲憤而發生革命思想。既有革命思想，自然要乘機思動的。

(三) 革命暗示的殘留

當時在北京讀書的學生，大多數是滿清末年和民國初年的中小學的學生。凡滿清末年一切革命烈士所有的俠烈行為和偉大事跡，這時候的中小學的學生都留了一種很深的印象。其中甚至於還有直接受過這些烈士的教育並且曾經參與過革命運動的。自民國成立至五四運動的時候，為時不過七年多一點。這時的環境既如上述，其險惡正不亞於滿清末年，而所謂「革命之聲」卻又「寂焉無聞」。那些受過革命教育和參與過革命運動的學生，眼看見這種情形，撫今思昔，就大有一代不如一代之感。於是反躬自問，就覺得「責無旁貸」，不能不有所動作了。這就是殘留的革命暗示所有的權威，而所謂轟動全國的五四運動，就因此成了一種自然的趨勢了。

以上所說的三個遠因，可以說是五四運動的三個根本原因。但是這三個原因如果不同時存在，那末，所謂五四運動也就根本地不能發生；即令發生，也不過很無影響地一現罷了。這種觀察，大概沒有多大的錯誤罷；讀者如果不相信，只要繼續地把本文後面所敘述的事實看完以後，就可以明了。至於中國代表在巴黎和會失敗的消息的宣傳，雖然可以說是這次運動

的一個近因，但是實際上只可以把它當作一點引起爆發物爆發的火，與這次運動實在沒有多大的關係；因為沒有作爆發物的遠因即令遇到火光，也無爆發的事實的發現哩。

三、五四運動的真相

五四運動的原因說完了，往後就不能不把五四運動的真相詳細地真實地告訴讀者了。現在我按照時間次序把重要的事實分別地寫在下面：

（一）軍事協定成立以後五四運動以前各校小團體的組織

自民國七年上期中日軍事協定成立以後，北京國立各專門學校的學生，因為這個協定允許日本軍隊在中國境內有自由行動的權利，都以為這是引狼入室自惹禍害的媒介，於是全體相約同到新華門內去見馮國璋，請求廢止那個協定。但因為事前沒有組織，結果，幾個被推去見馮國璋的代表被馮國璋一場圓滑而兼恐嚇的話騙了出來；所有同去的學生，也就不得不各自跟著代表回到學校裡去了。於是那些熱烈的學生，因此覺悟到做事以前大有組織堅固的有力量的小團體的必要。幾個月以內，各校學生獨立自由組織和聯合組織的小團體，相繼成立的至少在二十以上。大家所共知的團體，如各校少數抱著愛國主義的學生所聯合組織的國民雜誌社和北京大學少數抱著文藝革

附錄　匡互生：五四運動紀實

命思想的學生所組織的新潮社，大家所不曾共知的並且我現在也不願把他們的學校的名字宣布的團體，如某校少數抱著激烈的主張的學生所組織的同言社，工學會，和某某三個學校少數學生所組織的共學會等，都是當時比較有力的團體。並且因為前面所述的新出版物一天多似一天，和各種事實的壓迫一天緊張一天，這些團體的彈性也就跟著一天強固一天。到了民國八年四月，這些團體就不約而同的有一個舉行五七示威運動的大預備，同時並且得了全體同學加入的同意。

（二）示威運動提前舉行的議決

上面已經說過，北京各校全體學生本來有一種五月七日舉行示威運動的預備。不料自五月一日起，由巴黎和會傳到北京的消息一天險惡一天。到了五月三日，由幾家報紙和幾個外國教員宣傳的消息，竟說中國的外交已完全失敗，並說失敗的原因完全在曹汝霖、章宗祥、陸宗輿等祕密訂定高徐、濟順兩路借款合約的換文上所有的「欣然承諾」四個大字上面。因為「二十一條」的承認還可以說是由於最後通牒壓迫的結果，在以謀永久和平相標榜的和會場中可以藉著各國的同情把全案推翻的，但日本的外交家卻能立刻拿出中國專使所未曾知道的密約換文上所有的「欣然承諾」四個字來作非強迫承認的反證，來作箝制中國專使的口的利器。這一個消息宣傳以後，北京所有的學生除了那些腦筋素來麻木的人以外，沒有不痛罵曹、

三、五四運動的真相

章、陸等沒有良心的，沒有不想借一個機會來表示一種反抗的精神的。因空氣這樣緊張的緣故，大家就有提前舉行示威運動的提議，於是五月四日舉行遊街大會的議案就由各校代表會議議決了。

(三) 各小團體的會議及激烈舉動的預備

在提前舉行示威運動的議案議決的前後，各學校的各小團體都有一度的會議。北京高工、高師各校的全體會議，那自然是應有的文章。現在我要特別告訴讀者的，就是前面所說過的那些小團體在這個時候活動的真相。五月三日那一夜，某校的工學會開全體會議，由會員提議討論「對於中日的示威運動，本會應取何種態度？」，大多數主張採用激烈的手段去對付那幾個仰日本軍閥的鼻息，做國內軍閥的走狗，並且慣以構成南北戰爭以快私意的曹、陸、章，就決定次日聯絡各學校的激烈分子，伴大隊遊行至曹、章、陸等的住宅時候，實行大暴動，並一面派會員先將曹、章、陸等住宅的門牌號數調查明白，以便直接行動。於是五月四日早晨凡在各校主張激烈的分子就由這個工學會的代表實地聯絡的結果，暗中已心心相印了。到了四日上午十時中等以上各校的代表在法政專門學校議決本日下午一時各校全體學生同到天安門外聚齊，舉行示威運動的消息傳到了各校，各校的熱烈分子──二十人以內──都有相當的準備，甚至於有連身後的事都向親密的朋友商託好了的！這個

附錄　匡互生：五四運動紀實

時候,我見著幾個同學那種決意為反抗強權,反抗人類的蟊賊而犧牲的激昂慷慨的態度,我只覺得有同往犧牲的快樂,絕無絲毫恐懼和苟且偷生的念頭。(公理正義竟足以使人的思想和情感超出生死問題以外至於如此!我於是才感悟到以勢凌人,以死畏人的資本家軍閥的權威和勢力終屬有限之至;理想的社會,真正的自由,實在有以血淚換得來的可能。)

(四) 天安門集合和向東交民巷各國公使署交涉的經過

五月四日下午一點鐘的前後,到天安門集合的,共有十三個學校的學生。當時各人手中所持的旗幟,都寫上什麼「廢止二十一條」,什麼「賣國賊曹某章某」,什麼「反對強權」,什麼「抵制日貨」一類使人不起注意的字樣。因此當時政府派出在學生隊伍前後巡邏的偵探雖然很多,卻也一點摸不到頭腦。不唯他們看不出學生們有痛打曹章等的決心,並且也不相信學生們會有什麼暴動的——老實說,最大多數的學生,實在沒有這種預備的。可是當時大家都以為須全隊赴東交民巷走過,方才可以對外人表示中國民眾的一種公意,就決定向東交民巷出發。不料東交民巷外國守衛隊,竟不讓透過,雖由代表再三向英、美、法、義各國公使署交涉,因庚子條約(辛醜條約)的束縛,終沒有允許透過的可能!於是素不感覺外力欺壓的痛苦的人們,這時也覺得憤激起來了!「大家往外交部去,大家往曹汝霖家裡去!」的呼聲真個響徹雲霄。這時候,無論怎樣怯懦的

人也都變成了一些有勇氣的人了！

（五）大隊沿街狂呼的景象和圍攻曹宅痛打章宗祥的詳情

　　大隊在東交民巷被阻，自一點半鐘起至三點半鐘止，足足停立了兩個鐘頭之久。最後就由大家決定改道向曹汝霖家裡走去。這時候負總指揮的責任的傅斯年，雖恐發生意外，極力阻止勿去，卻亦毫無效力了。大隊經過東長安街往趙家樓的時候，沿途都高呼賣國賊曹汝霖，賣國賊章宗祥，賣國賊陸某徐某段某和其他罵政府的話。這時候群眾的各個分子都沒有個性的存在，只是大家同樣唱著，同樣走著，不到四點半鐘的光景，就全體走到趙家樓曹汝霖的住宅前面了。當走到曹宅前面的時候，大多數的學生都從牆外把所持的旗幟拋入牆內，正預備著散隊回校時，而那些預備犧牲的幾個熱烈同學，卻乘著大家狂呼著的時候，早已猛力地跳上圍牆上的窗洞上，把鐵窗沖毀，滾入曹汝霖的住宅裡去。這時曹汝霖宅內的十幾個全身武裝的衛兵，已被外面的呼聲鼓掌聲的震駭，並且受了跳進去的同學的勇猛的感動，已喪失了用武的膽量和能力，只得取下上好的利刀，退出裝好的子彈，讓繼續跳進去的五個同學從內面把那緊閉重鎖的後門打開！後門打開之後，如鯽如鱗的群眾就一擁而入。對著後門立著的一塊木屏，被一個人猛力地踢倒在地，發出轟然的一聲。在宅外和立在後面狂呼的學生聽著，以為裡面放槍了，就倒退了幾十步。後來，由裡面出來的學生報

附錄　匡互生：五四運動紀實

告發聲的不是放槍，倒退的人再向前進，一同進到被老早進去的同學打得落花流水的曹宅來看那些同學放火。因為他們到處搜不出那確實被大家證明在內開會未曾逃出的曹汝霖、陸宗輿、章宗祥，只得燒了他們藉以從容商量作惡的巢穴，以洩一時的忿怒。可是在曹宅西院火光初現的時候以前，在曹汝霖的小老婆和父親被大家交給在內的警察帶出的時候以後，忽然在東院房間的木桶裡走出一個身著西裝面像日人的人，被一個同學趕上前去用一根旗竿劈頭一擊，那人就倒身在地佯作身死，於是動手打他的人就往後走去，而一時「曹汝霖已經被大家打死了」的喊聲就傳遍了內外，膽怯的學生就乘機回校避禍去了。但是一些熱烈的學生們卻爭先恐後地去看那被打死的人，以證實當時的傳言是假是真；哪裡知道那佯作身死的人已乘機逃到外面一間皮蛋店裡去躲藏好了，後來卻被另一批搜尋曹章的人在一間皮蛋店裡面的一間黑屋的床上又把曾經被打裝死的人搜尋出來，大家就拉住他兩隻腳從那間黑暗屋裡倒著拖到皮蛋店的門口，同聲地問他是什麼人，他總是絕對地不作聲，大家耐不過，就各用那手中所持長不滿尺的小旗杆向著他的面孔上亂打橫敲，而那些手中沒有武器的學生就只得權借皮蛋作武器向被打的人的頭上打中了幾十百把個皮蛋，於是死不作聲的被打的頭上只見滿面的鮮血和那塞滿了耳目口鼻的皮蛋汁了。不過同時卻有一個真正的日本人負重傷出死力替他保護，大家因此

三、五四運動的真相

頗懷疑那被打的人是日本人,所以不曾把他打死,因為那天到場參觀的西洋人日本人實在不少,很有令人懷疑的原因哩。哪裡知道他正是那一個向日本政府親遞那封有「欣然承諾」四字的換文的駐日公使,新回中國運動承認直接交涉的章宗祥!到了這個時候,已經五點三刻了,尚在看熱鬧的學生委實只有幾十百把個人了,而那些攻打曹宅用力過多的人,這時多半也已經精疲力竭地跑回學校休息去了。正當大隊學生已繼續散去的時候,趙家樓一帶已開到了好幾排軍隊,於是那些起初對學生很「客氣」的警察也膽大起來,並且也都板起面孔,吹起警笛,開始協同軍隊捕人了!

(六) 學生被捕和各校的全體會議

當時落後被捕的共計三十二人,北大十九人,高師八人,工專、匯文、留法預備等校共五人。這個消息直到當日下午七時,各校學生才得全體知道。於是各校學生都立刻召集全體大會,討論對付方法,一時的空氣都大大地緊張起來了。除了少數人仍堅持繼續奮鬥到底的主張以外,大多數都趨重於營救被捕的同學。所以次日各校學生代表會議的時候,差不多大家都舍了外交問題而單獨顧著營救同學的問題了!

(七) 各校學生代表會議

五月五日各校學生代表齊集北京大學開會,許多代表都因

附錄　匡互生：五四運動紀實

感情的關係主張即日罷課（甚至於有已經罷課了的），以要求政府釋放被捕同學。當時北京大學學生代表主張罷課更急，而主張不罷課的實在只有北京高等師範的代表。高師代表所持的理由是：

（一）大家應該尊重被捕同學的犧牲精神，繼續奮鬥，不應該專從營救同學著想而放棄了原來所抱的目的；就是說：大家應該跟著被捕的同學一同去犧牲，不應該只是希望被捕的同學早點出獄來跟著我們快活；

（二）就事實方面說起來，罷課以後，大家不容易集會，團結精神更加無法保持。可是大家都只憑感情說話，沒有什麼真理可言，高師代表這樣的主張自然不能得到多數的同意，所以大家就把全體一致罷課營救同學的議案透過了。這個議案透過以後，就繼續討論到北京中等以上學校學生聯合會的組織，結果指定北大和高師代表起草組織大綱。

（八）北京學生聯合會成立和組織大綱的要點

聯合會組織大綱自六日上午由起草代表草定以後，即日就交到各校代表會議透過。於是所謂北京中等以上學校學生聯合會，就宣告成立了。至於這個大綱，卻有兩個要點須連帶說及的：

（一）該會分為評議幹事兩部。評議部只負議決一切進行

> 事件之責,幹事部只負辦理評議部所議決的一切議案之責;
>
> (二) 評議部的評議員的產生只以學校為標準,就是說,不論學校人數的多少,每校只許出評議員二人,而幹事部則專一委託北京大學學生幹事會代理。

這樣一來,人數最多的北京大學的學生不患無事可作,而一兩個學校的獨持的主張也就始終不能成立了。

(九) 被捕同學釋放的經過

自全體學生罷課以後,直接感受苦痛的就是各校的校長,因為一方面要受什麼政府的責備,一方面又要受學生的責備。所以他們連日大忙特忙,開會呢,寫信呢,打電話呢,向教育總長說話呢,向國務院警察廳檢察廳疏通呢,向學生演說呢,弄到一個精疲力盡才把三十二個被捕的同學由警察廳領出來,才使得全體學生依舊上課。其中受氣受恐嚇受侮辱的地方自然免不掉,所以被捕的學生出獄以後,北大的校長蔡孑民先生就辭職南歸。在被捕的學生未曾出獄以前,關於他們在獄中的狀況也不可不說及。他們的被捕固然出於偶然,但一入警廳以後,有因獄中生活較苦而怨及在外的同學營救的不力的。這時候,我才覺得從前高師代表所倡大家不應該只是營救同學之說未免調子唱得太高了。

附錄　匡互生：五四運動紀實

（十）六三運動的醞釀

自被捕的學生出獄以後，直到五月二十前後，因為反對田應璜為教育總長和馬其昶為北京大學校長再行罷課以後，政府對於學生種種活動無不加以注意和干涉。各校的附近無不密布軍警，所謂露天演講發散傳單和發行刊物——如《五七》，《救國》之類——等等運動自然都被嚴厲地取締和禁止。就是學生聯合會雖然每日改換會議地點，亦屢次為政府所探知而施行強迫的解散。什麼請願書雖然再三地向政府裡送去，哪裡能夠值得他們一顧呢！到了五月三十日，向政府自告奮勇的代理教育總長袁希濤竟下了一道限學生於三日以內一律上課的訓令。到了五月三十一日，徐世昌的禁止集會演講和宣布戒嚴的命令更堂哉皇哉貼到各校的門口。這更可見當時政府相信他們的權威有效的一斑了。然而政府的壓力愈大，學生潛存的彈力也愈大，在五月三十一日由從前在五四那一天運動最激烈的那些熱烈分子到各校活動的結果，六月一日學生聯合會就有從二日起再行分隊出外舉行露天講演的決議，並且決定：如果二日出外演講的完全被捕，次日就加倍再出，三日又完全被捕，四日就全體齊出。所謂六三運動的醞釀期間就完全屆滿了。

（十一）六二、六三的學生演講和被捕的詳情

到了六月二日上午九時，各校合計有二千人上下的演講員

三、五四運動的真相

就各把一面小旗藏在袖口裡,繼續地一個一個地偷出校門(這時各校門口都有軍警看守,不能整隊齊出)。行到各熱鬧的街口當中就揭出袖中所藏的旗幟,號召聽眾,並且立地講演起來。因為這種辦法已超出軍警的預想以外,並且人數很多,當地的警察雖然照例上前干涉,終竟很少效力。但這樣地不把政府的戒嚴令當一回事,在軍警方面自然覺得太過不去,直到下午三四點鐘的時候,無聊的步軍統領衙門和警察廳只得下令捕人,於是同時被捕的有四十七人之多,北京大學法科就變成臨時的監獄!不過這次被捕,完全在大家意料之中,當然大家沒有特別驚惶的地方。雖然當夜謠傳被捕去的學生均遭槍斃,而三日上午加倍出發的講演員卻依舊鼓起精神,分途出發。一時北京市上差不多沒有一條胡同沒有立地演講的學生,同時卻也沒有一條胡同沒有干涉演講和逮捕演講學生的警察。被捕的學生初由各地警察押送到各警察分局分所,而那些學生就在各分局分所對著看守的警察演講起來,講演的學生大都「垂淚而道」,而聽講的警察亦大都「掩面而泣!」甚至於有深表同情於學生而大罵那些賣國賊段徐曹章輩的。後來步軍統領衙門即分派大批馬隊步隊協同警察再由各分局分所靜悄悄地把所有被捕的學生一律解送到北大法科和理科管押。在被解送的時候,學生依舊沿途大呼:「抵制日貨!」「懲辦國賊!」甚至於有大呼:「大家起來革命」的。遇著從學校出來打聽消息的同學即彼此大

附錄　匡互生：五四運動紀實

呼什麼「中華民國萬歲」，什麼「前進」，什麼「死呀！」「死呀！」「你們先去呀！」「我們就來呀！」一片激昂慷慨、淋漓悲壯的聲音，真個把北京城圈裡鬧了成一個鬼哭神號的世界！道旁的行人也有不少相見流淚的。等到被解送的學生繼續進了法科或理科以後，大家雖然餓了十個鐘頭，但因為在裡面看守的軍隊為大家的沉痛演說所感動，對於被看守者在法科理科範圍以內的行動完全不加干涉，各人不唯不覺到有什麼恐懼與苦痛，而且立刻又在裡面組織一個被捕學生聯合會。這個組織差不多和原有的學生聯合會的組織一樣，不過評議部和幹事部的職員都由各學校學生按照每校幾人的規定自行推出，所以到了三日的晚上，在法科被看守的八百多人就把所謂評議部和所謂幹事部所有的交際股，庶務股，會計股，糾察股，衛生股等都組織得完完全全，一切事情都有專人負責，不唯「秩序井然」，而且食宿的問題也能設法解決了。這時大家所不能放心的就是明日各校學生全體出發的事情是否能夠實現；大家所最希望的就是北京商界能夠罷市，京外的各界能夠予大家一點聲援。

（十二）六四、六五兩日的變化和被捕學生的狀況

各校留在校內的學生自見三日出外演講的同學全數被捕，固然明知軍警監視學校愈加嚴密，不容易全體走出校外，但為免除良心上的痛苦起見，只得各人攜帶乾糧被窩，（三日學生被捕，還有沒有被捕的同學去送被窩和點心，四日全體出發，如

三、五四運動的真相

果依舊全數捕去,那就再無送被窩點心的人了,所以各人只得預先帶去,以備不虞。)死力衝出。果然全體攜帶行李衝出以後,軍警即蜂也似的上前阻止了。但是全體學生既挾「破釜沉舟」之勢向前猛進,並且用著慷慨激昂、懇切沉痛的態度向著軍警們演說,軍警的良心已經發生一種說不出的悲哀和慚愧,哪裡再有力量來阻止學生們不去呢。不過四日軍警方面所持的態度,實在也和三日兩樣,因為他們三日見著演講的學生即盡數捕去,四日卻只極力苦勸(甚至於有跪地哀求的)學生們不要再出外演講,絕對地不再捕人了。所以四日出發的學生反能夠很自由地在一切熱鬧的地方向一切聽眾把平日所不能說不敢說的話都任意地說得出來。但是他們一面演講,一面卻都向著北大法科理科走,因為一則可以就近探聽昨日被捕同學的消息,一則可以從聲勢上表示一點勝利,以安慰安慰他們的沉悶。後來卻都能達到目的,所以下午五時以後都很平安地各回學校去了。這一天還有一件可記的事,就是北京女子師範及附屬女中的學生,打破後門出外演講及集款接濟被捕學生。先是幾次運動都沒有女校學生參與其間,而其所以不能參與的原因,就是女校校長及其他辦事人的多方壓制。北京女子師範校長方還專制尤甚,當二三兩日各校學生因出外演講被捕的事情被該校同學在報紙上看見以後,她們就立刻商議援助的辦法。不料事為方校長所探知,就一面囑咐工人把校門緊閉,一面召集學生訓

附錄　匡互生：五四運動紀實

話，加以嚴厲的斥罵。這樣的辦法，似乎使得女同學再也沒有活動的餘地了。但女同學的憤氣卻因此更盛，就將後門打開，一齊向外出發，沿路講演，下午也一同到了北大法科的門前，同時她們的代表及女中的代表六七人各用手巾提了幾千枚銅元（合計在四五十元以上）送到法科被捕學生團，接濟被捕的男同學，並聲明送來的銅元都是臨時捐集的，所以來不及換成銀元。這種熱情俠舉，不僅加了男同學不少的勇氣，而且可以說，這就是中國女子自己解放，自己取得平權的第一聲。以上所說，就是北京軍警對待演講的學生的一種起初想不到的變化，和女同學援助被捕同學的一種令人不能忘記的現象，至就三日被捕的學生的情形又怎樣呢？私人親友及各團體代表前去慰勞的一天不知經過幾十百起。送點心送伙食費的也是接二連三地來個不已。最使我覺得奇怪的就是梁啟超先生的令弟啟勛先生贈送被捕學生大洋一千元，和吳光新先生願意出資津貼學生聯合會兩件事。前者是本人以代廣東何某捐贈被捕學生名義親自送到法科，經交際股主任某君收受，後來經評議部提議認為不應收受，就由交際股退去，並登報聲明了的。後者是由吳氏託人間接向學生方面示意，（並說段祺瑞、徐樹錚亦贊成學生的舉動）因為被學生方面聞知，宣言嚴詞拒絕，就把那事打消了的。至於看守學生的軍警又怎樣呢？他們除了表同情於學生以外，並且有許多明了事體的軍官還大罵段、徐、曹、章賣

三、五四運動的真相

國的不是！不過礙於形式的命令，不便有積極反抗的表示。但是到了五日早晨，看守的軍隊忽然無條件地自己撤去了！大家很覺奇異，還有人猜疑政府別有用意。後來才知道政府因為上海為援助北京學生已實行罷市，天津、漢口也有罷市的趨勢，甚至於北京商界有將和天津、漢口商界取一致態度的傳說，並且在外面活動的學生聯合會提出了嚴厲的抗議，大有無可收拾之勢，所以只好無條件地把看守的軍隊撤去。不過政府雖然無條件地撤去了軍警，被捕的學生卻不能不向他們嚴重地質問任意蹂躪人權的理由。所以在五日下午教育部派來幾個代表勸學生回校的時候，大家因為他們對於大家所提出的質問沒有滿意答覆，就老實不客氣地教訓了他們一頓。並在他們垂頭喪氣地去了以後，決定政府如再沒有悔禍的表示，大家仍采激烈手段去對付他們。後來因為政府另派代表前來自認誤捕學生之罪，而在外的學生聯合會又有再進一步的辦法提議，大家就決定七日全體暫回各校休息一天，九日便和在校的全體同學，同赴新華門內照著聯合會的主張以罷免曹汝霖、章宗祥、陸宗輿三人為條件，向徐世昌作最低限度的交涉。七日被捕同學回校以後，八日晚上十點鐘學生聯合會以九日上午十時全體學生赴總統府直接談判，要求罷免曹、章、陸等的議決案用電話通知教育部，要他們通知徐世昌屆時在府守候。政府從教育部得到這個消息，並且因為南苑某軍隊也有預備同時武裝進城一律加入

附錄　匡互生：五四運動紀實

請願的謠言和津京商界將有激成罷市的傾向,即晚十二點鐘就召集國務會議,一致透過容納民意罷免曹汝霖、章宗祥、陸宗輿三人的職。議決以後,就立刻由教育部用電話通知學生聯合會,併力勸學生聯合會轉告同學,明日不要到總統府請願,以免釀成其他不測的禍變。聯合會當即要求須有罷免曹、章等的實證,才有商量的餘地,他們就答應以明日上午九時以前送到各校的載著罷免命令的政府公報為證,學生聯合會就答應一句等到明天再看的話。果然,九日上午八時《政府公報》就送到各校,曹、章、陸的免職也真個成了事實。

(十三) 五四運動的尾聲

這回運動所標出的公用語為「外爭國權,內懲國賊」,國賊雖然受了一點薄懲,而危險萬分的外交依舊沒有多大挽回的希望。到了六月二十五日,巴黎傳來消息,且說中國專使將於日內簽字於損害國權的凡爾賽和約。於是學生聯合會又決議於二十七日由各校推出數百代表向總統府強迫徐世昌電令專使拒絕簽字,而數百代表於二十七日起就在新華門內有兩日乾曬一夜露宿的最後的奮鬥。結果,徐世昌就當面答應:專使如未簽字,即電令拒絕簽字,如已簽字,則將來和約交到中國時,一定予以批駁。學生代表雖明知徐氏圓滑,但暫時無法證明他說話的虛偽,也只好各回原校,另圖補救了。不過徐世昌的圓滑雖然弄到大家無法進行,而近在巴黎的留法學生和華僑卻因為

國內民氣激昂,激動了處置軟弱無能的中國專使的決心,就於和約簽字的那一天全體赴中國專使所住的地方,阻止他們赴會簽字,並聲言專使如要去簽字,大家就以國內學生對付曹汝霖的辦法對待他們。於是中國幾個專使因為恐怕簽字以後,自身難免有性命之憂,也只好容納學生華僑們的要求,以求保全自身的安全。拒絕簽字的目的才得達到。而所謂五四運動就從此總結束了。

四、結論

上面我已把五四運動的起因和經過大略說完了,現在我們從那些起因和經過可以得到下面幾種結論。

（一）五四運動不是偶然發生的,是有醞釀很久的原因的。

（二）五四運動雖然沒有生命上的犧牲,但最初真正預備犧牲的實在有二十餘人之多,並且因為預備犧牲者努力的結果,便引起其他多數的預備犧牲者,所以運動力量就因此增大了。

（三）五四運動能使無論什麼人 —— 唯利是圖商人,殺人不眨眼的軍人,休戚無關的外國人以及平時只知有命令,不知有公道正義的警察等 —— 都受感動的,就在於運動者有犧牲的決心。

附錄　匡互生：五四運動紀實

（四）五四運動不是一班青年最初就能全體贊成的，而且最初還是許多人強烈反對的。
（五）五四運動所以不為軍人政客的詐術所破壞所汙辱的就在大家所抱的目的是非常正大光明，並且完全是公共的。
（六）五四運動所以能夠持久就在於平時有團體的鍛鍊，臨時有相當的組織。
（七）五四運動所以能使奸滑狡獪的政府窮於應付的，就在於運動者的思想超出政府的思想以上。因而根據思想所發生的計畫就超出政府的預料以外了。

從上面的結論看起來，我們可以知道五四運動所以能使中國思想界發生點影響的，實在有一種不可磨滅的價值在那裡。然而，反觀五四運動的輿論界對於這次運動所有的印象又怎樣呢？據我所知道，大概可分為幾派如下：

（一）有認這次運動是一班全體覺悟的青年所共同參與的一種新革命運動的。
（二）有認這次運動是一種對付惡勢力最初有效的運動的。
（三）有認這次運動是一種偶然弄假成真的群眾運動的。
（四）有認這次運動是受人利用的盲目衝動的。

他們因為各有上面的一種不精確的觀察，所以就各有下面的種種錯誤的主張。

四、結論

（一）一切革新運動都可以讓一般學生去負責。

（二）制裁政府軍閥和資本家隨時都可以群眾運動為利器。

（三）群眾上書請願是一種有效的運動。

（四）學生有盲目衝動的弱點，可以利用他們去對付反對黨以達到一黨一人的目的。

年來各處的群眾運動，所以不能收到實效的緣故，就在這些只知五四運動的表面而不曾瞭解五四運動的精神的人們誤以上面的幾種理由為根據而妄作主張。因此，**轟轟**烈烈的五四運動的精神就漸滅殆盡，甚至一切罪惡都假這群眾運動的名詞以行。我想到此點，真個「感慨系之」，因而不能不就我所知道的五四運動詳細地報告現代一班青年們，使大家徹底地明了五四運動的真相，不至於以訛傳訛。一方面自身可以從此悟到真責任之所在，一方面也可以不再上他人的當。這就是我作這篇文章的微意了。

一九二五年於上海。

國家圖書館出版品預行編目資料

五四圖史：百年前的學運先驅 / 陳占彪編著.
-- 第一版. -- 臺北市：崧燁文化事業有限公司,
2021.08
　　面；　公分
POD 版
ISBN 978-986-516-778-3(平裝)
1. 五四運動
628.263　　110011719

電子書購買

五四圖史：百年前的學運先驅

臉書

編　　著：陳占彪
發 行 人：黃振庭
出 版 者：崧燁文化事業有限公司
發 行 者：崧燁文化事業有限公司
E - m a i l：sonbookservice@gmail.com
粉 絲 頁：https://www.facebook.com/sonbookss/
網　　址：https://sonbook.net/
地　　址：台北市中正區重慶南路一段六十一號八樓 815 室
Rm. 815, 8F., No.61, Sec. 1, Chongqing S. Rd., Zhongzheng Dist., Taipei City 100, Taiwan (R.O.C)
電　　話：(02)2370-3310　　傳　　真：(02) 2388-1990
印　　刷：京峯彩色印刷有限公司（京峰數位）

― 版權聲明 ―

本書版權為九州出版社所有授權崧博出版事業有限公司獨家發行電子書及繁體書繁體字版。若有其他相關權利及授權需求請與本公司聯繫。
未經書面許可，不得複製、發行。

定　　價：380 元
發行日期：2021 年 08 月第一版
◎本書以 POD 印製